MARKETING
マーケティング概論

篠原　淳
鄭　舜玉
編著

学 文 社

執 筆 者

＊篠原　　淳　　園田学園女子大学（第1・2章）

　裵　　鍾民　　日 本 経 済 大 学（第1章）

＊鄭　　舜玉　　園田学園女子大学（第3章）

　後藤　浩士　　九 州 共 立 大 学（第4章）

　松藤賢二郎　　福 岡 工 業 大 学（第5章）

　上岡　史郎　　目白大学短期大学部（第6章）

　魏　　鐘振　　九 州 産 業 大 学（第7章）

　田代　雄三　　日 本 経 済 大 学（第8章）

　松本　竜一　　千 葉 経 済 大 学（第9章）

　中原　康征　　東 海 大 学（第10章）

・は し が き・

　本書は，はじめてマーケティングを学ぶ人のために入門書としてわかりやすく執筆されたものです。

　マーケティングに関する経営学における他の分野との関係性は，今後さらに深まっていくものと思います。経営学に関する入門書は，様々な形で出ていますが，体系的に学んでいくには不足する点も多くみられるのではないかと考え，現在の状況下で考えられているマーケティングのあり方を容易に見出せるように工夫してあります。

　本書を読み進めていただくことで，企業経営の中でマーケティングという学問がいかに重要なものとなっているかが理解できるはずです。

　マーケティングは，経営学のさまざまな分野で各専門分野と結びつきを強めながら，今後もさらに発展していくものと期待しています。また皆さんが生活を送る中で接している商品やサービス，そしてそれに携わる企業や様々な組織においてマーケティングがどのような役割を果たしているかを理解することで，さらに経営学への関心が広がっていくものと期待しています。

　最後に，本書の執筆にあたりご執筆いただいた諸先生方のご尽力に深く感謝いたします。

　また，本書の出版に際しては，学文社田中千津子社長に原稿整理の段階から大変お世話になり，完成に至ったことに深く御礼申し上げる次第です。

2022年12月吉日

篠原　淳

・目　　次・

第1部　マーケティング・マネジメント

第1部

マーケティング・マネジメント

第1章　マーケティングの基礎概念

●本章のポイント●

　「マーケティング」という用語は，様々な場面で頻繁に使われている。専門的な分野のみならず，われわれの身近な生活の中でも幅広く使われている。しかし，その正確な意味が確認できず，企業のマーケティング活動に対する誤解も少なくない。「マーケティング」とは何か，その概念を正しく理解することは，企業活動の正しい理解および企業マーケティング戦略の正しい策定の大前提となる。

　本章では，以下の項目を中心にマーケティング概念の明確な理解を目的とする。
1）マーケティング概念が生まれた歴史的背景を理解する。
2）マーケティング概念の変遷を把握する。
3）現在使われているマーケティング概念を理解し，マーケティングの視点と機能を理解する。

Keyword

アメリカ・マーケティング協会（AMA），市場，顧客関係管理，社会価値，マクロ・マーケティング，ミクロ・マーケティング，マーチャンダイジング，市場を左右する力，マーケティング機能

▶▶▶ 第1節　マーケティングの基本概念 ◀◀◀

1．マーケティングの定義

(1) マーケティングにおける誤解

　新聞や雑誌などのメディアで使われるマーケティング用語は，それぞれ異なる意味をもっているケースが少なくない。企業の広報活動だけを意味する場合もあれば，商品販売活動全体を意味する場合もある。さらに，言葉そのものは

幅広く使われているが，その概念まで明確に説明しているケースはほとんどない。そのため，マーケティングに関する様々な誤解が生じる。アメリカ・マーケティング協会（American Marketing Association：AMA）では，マーケティングに関するよくある誤解を整理し説明している。代表的な誤解4つを紹介しよう。

第一に，「マーケティングとは広告活動である（Marketing is all about advertising.）」という考えである。これはマーケティングにおける最も多い誤解ともいえる。マーケティング活動は，商品の企画，生産，流通，販売，顧客管理，消費者とのコミュニケーションなど，幅広い分野をその対象とする。したがって，広告活動はマーケティングの一部であり，マーケティングそのものではない。

第二に，「マーケティングとは販売活動である（Marketing is all about selling.）」という誤解である。マーケティングの目的は企業・消費者・社会の価値創造であり，消費者のニーズやマーケットの分析，企業や商品のブランディング，顧客との関係管理など，様々な活動からの価値創造である。顧客のニーズには目を向けず，売りたいものに目を向け，アクション中心の活動をする販売活動とは異なるものである。

第三に，「マーケティング担当者だけがマーケティング活動を行う（Only marketers market.）」という誤解である。前述したとおりに，現代のマーケティングは企業活動の全般をその対象とするため，マーケターだけがマーケティング活動を行うものではない。むしろ，マーケターにのみマーケティング活動を任せてはいけない。

第四に，「マーケティングは企業において費用を発生させる活動にすぎない（Marketing is just another cost center in a firm.）」ということである。マーケティング活動を適切に行うと価値が創出されるため，マーケティング活動は投資の概念として理解しなければならない。したがって，マーケティングは単に費用を発生させる活動ではなく，会社の利益を生み出すための活動として理解しなければならない。

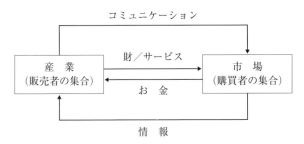

図表1－1 市場と産業の関係（単純なマーケティング・システム）
出所）フィリップ・コトラー，ケビン・レーン・ケラー（2014：13）

ここでは，マーケティング活動を取り巻くさまざまな誤解について説明し，マーケティングを正しく理解するための第一歩を踏み出した。これからは，マーケティングの定義や誕生背景，その領域などを確認し，「マーケティングとは何か」について詳細に確認しよう。

⑵ マーケティングの定義

「マーケティング（marketing）」とは，市場という「market」に現在進行形の「ing」が結合された言葉である。「market」は，商品を市場に出す行為と，場所としての市場という意味をもつ。フィリップ・コトラーとケビン・レーン・ケラーの著書『マーケティング・マネジメント　第12版』（2014）では，市場「market」を「購買者の集合」とも表現する。

マーケティングの概念は，19世紀末から20世紀初頭に現れたが，マーケティングが初めて学問的に使われたのは，アメリカであり，ミシガン大学では1902年に，ペンシルベニア大学では1905年に，ウィスコンシン大学では1910年に，それぞれマーケティングという用語を取り入れた講座（Marketing of Product, Marketing Method など）が開設された。当時のマーケティングは生産と消費を繋ぐ流通問題を主な対象としていた。

その後，社会と技術の発展に伴い，新しい概念が加えられた。例えば，売れるような製品を企画し生産すること，持続的な販売が可能な仕組みを創ること，顧客を創造し維持すること，セーリング（売り込み）を不要にすること，消費者のニーズを満足させることで利益を創出すること，顧客の価値と満足を理解

したうえで創造した価値を提供すること，企業が市場を創造することなど，新たな概念が加えられたマーケティングの定義が現れた。

　次に，日本とアメリカにおけるマーケティングの定義と変遷過程を確認しよう。

　日本でマーケティングという言葉が伝えられたのは，第2次世界大戦後の1955年である。日本生産性本部のアメリカ市場視察団の団長だった石坂泰三は，「アメリカではマーケティングというものがある。わが国もこれからはマーケティングを重視すべきである」と述べた。その後，マーケティングという用語が本格的に使われ，日本の各企業はマーケティング活動を導入する努力をおこなった。したがって，日本でマーケティングが定義づけられたのはこの時期からだといえる。

　日本で使われているマーケティングの定義を3つ紹介しよう。

　まず，1957年に創設された，公益社団法人日本マーケティング協会では「マーケティングとは，企業および他の組織がグローバルな視野に立ち，顧客との相互理解を得ながら，公正な競争を通じて行う市場創造のための総合的活動である」と定義している。この定義は，高度経済成長期の製品生産活動に基づいたものであり，マーケティングを企業の顧客（市場）創造活動として理解したものである。

　次に，日本オペレーション・リサーチ学会では「マーケティングとは，個人や組織が製品の創造を行い，市場での交換を通じて自らのニーズや欲求を満たすために行う様々なプロセスのことである」（OR事典，2000）と定義している。これは，製品を生産し，市場に参加し，ニーズを満足させていく一連の過程を重視したものであり，企業が市場に参加するすべての活動をマーケティングとして捉えたものである。

　最後に，石井・嶋口・栗木・余田（2013）による定義である。彼らは，「マーケティングとは，企業が，顧客との関係の創造と維持を，さまざまな企業活動を通じて実現していくことである」（石井・嶋口・栗木・余田，2013：32）と定義している。これはフィリップ・コトラーとケビン・レーン・ケラーが提案し

た市場概念（市場＝購買者の集合）を導入したものであるといえよう。

　今度は，マーケティングが誕生したアメリカの代表的な定義 2 つを紹介しよう。

　ひとつはマーケティングの父と呼ばれているフィリップ・コトラーによる定義と，もうひとつはアメリカ・マーケティング協会（AMA）による定義である。

　まず，フィリップ・コトラーは『マーケティング原理』（2014）で，「マーケティングは，個人やグループと他者が，価値のある製品の創造，提供，及び交換する行為を通じて，自分が求めているものや必要なものを手に入れる社会的かつ管理的プロセスである」と述べ，「マーケティングは，交換プロセスを通じてニーズとウォンツを満足させることと定義できる」という説明も加えている。この観点によると，マーケティング活動は顧客を満足させるための企業活動全体として捉えられる。その後，『コトラー＆ケラーのマーケティング・マネジメント　第12版』（2014）では，AMA での定義を採択しながら，「ニーズに応えて利益を上げること」であると説明している。

　次に，マーケティングを最も正確に定義したと評価される，アメリカ・マーケティング協会（AMA）の定義とその変遷を見てみよう。

> アメリカ・マーケティング協会の定義（1985年）
> 「マーケティングとは，個人と組織の目標を満たせる交換を作り出すために，商品，アイデア，及びサービスの構想，価格設定，プロモーション，及び流通を計画し実行するプロセスである」

　1985年の定義は，① 組織だけではなく個人もマーケティングの対象としたこと，② 製品（有形財）だけではなくサービス（無形財）もマーケティングの対象としたこと，③ マーケティングを企業活動の全般における継続的なプロセスとして認識したこと，という 3 つが重要なポイントであろう。この定義は19年間使われたが，時代の変化と共に，2004年に大きな修正が加えられた。

> アメリカ・マーケティング協会の定義（2004年）
> 「マーケティングは，組織的な活動であり，顧客に対し価値を創造し，価値について コミュニケーションを行い，価値を届けるための一連のプロセスであり，さらにまた組織及び組織のステークホルダーに恩恵をもたらす方法で，顧客関係を管理するための一連のプロセスである」

　2004年の定義は，1985年の定義と比べると，① 顧客関係を重視する観点，② ステークホルダーも視野に入れたことが重要ポイントである。このような定義の変化は，市場と商品に対する消費者の認識水準の向上が見られたことで，企業のマーケティング活動において，顧客との関係を構築し管理する必要性の台頭がその背景にあった。

　そして，この定義は2007年にもう一度大きく変わることとなる。

> アメリカ・マーケティング協会の定義（2007年）
> 「マーケティングとは，顧客，依頼人，パートナー，社会全体にとって価値のある提供物を創造・伝達・配達・交換するための活動であり，一連の制度，そしてプロセスである」

　2007年の定義を過去の定義と比べると，① 価値の創出から伝達までのプロセス全体をマーケティングの対象としたこと，② 個人や企業，ステークホルダーの範囲を超え社会全体の価値を目指したことが重要なポイントである。2017年に再び承認され現在にも使われているこの定義は，マーケティング活動が目指すべき視野や活動内容を明確に取り入れたことで高く評価されている。

2．マーケティングの誕生

(1) 大量生産と大量消費の出現

　アメリカがイギリスから独立した1783年当時は，現在の北アメリカの東部の一部地域だけがアメリカの領土で，13州であった。その後，継続的に領土を広げ，1890年には現在とほぼ同様の国境線が形成されるとともに，各地域を代表とする大都市が発展した。この時期は，金（gold）の獲得を狙った多くの人々

が西部へ移動した「ゴールドラッシュ（gold rush）」が現れた時期であり，アメリカの急速な発展が始まった時期である。領土の拡張と社会体系の発展は，莫大な天然資源が使用できる土台となり，アメリカが優れた生産能力を持つ基盤となった（大量生産に必要な資源の確保）。

　領土の拡大と社会の発展に伴い，アメリカの人口も急増した。イギリスから独立した時のアメリカの総人口は400万人程度であったが，およそ100年が経過した1870年代には10倍以上の3,855万人を超えた。これは，当時の日本の総人口を上回る数値であった。以後，アメリカの人口は継続的に増加し，1910年代には1億人を，第2次世界大戦が終わった1970年代には2億人を超えることとなった。アメリカの急速な人口増加は，生産力の増加と消費市場の拡大という2つの意味を持ち，大量消費ができる市場の登場に影響を及ぼした（大量消費市場への変化）。

　さらに領土の拡大は，資源の輸送および大都市間を繋ぐための，全国的な鉄

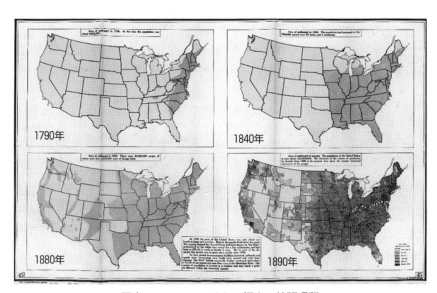

図表1－2　アメリカの領土の拡張過程

出所）アメリカ国会図書館（The Library of Congress）
　　　https://www.loc.gov/item/2009581137/（2022年12月1日閲覧）

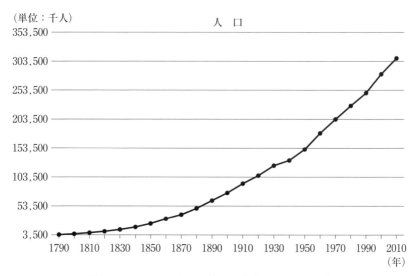

図表1－3　アメリカの人口の変化（1790～2010）

出所）United States Census Bureau のデータに基づき筆者作成
　　　https://www.census.gov/topics/population.html（2022年12月1日閲覧）

道網の発達をもたらした。1840年代のアメリカの鉄道網は北アメリカの東部地域だけに集中していたが，1890年代にはアメリカの全国的な鉄道網が構築されるようになった。そしてそれは，アメリカ全域を結ぶ大規模の流通網を創り出し，アメリカの全域がひとつの市場という，大きな単一市場の誕生につながった（大規模市場の誕生）。

　マーケティングにおいて，アメリカの発展過程の中で，最も注目すべき時期は1860年代であろう。

　上述した人口の増加や鉄道網の拡張などはアメリカを発展させ，大規模の市場を生み出したが，マーケティング概念が誕生するきっかけとなったのは意外にも，南北戦争（1861～1865）であった。

　戦争が終わり，参戦した兵士は家に帰り再び生産主体となった。戦争という社会的な不安要素がなくなったことや生産主体が増加したことなどが相俟って，産業を問わず生産量は大幅に増加した。しかし，生産量の大幅な増加は，新たに余剰生産量の増加をもたらした。特に農産物の余剰生産量の増加は社会

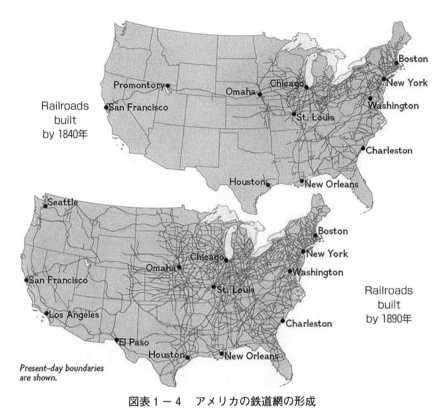

図表 1 － 4　アメリカの鉄道網の形成

出所）The Central Pacific Railroad Photographic History Museum
　　　http://cprr.org/Museum/RR_Development.html（2022年12月 1 日閲覧）

的に大きな問題となった。農産物は，工業の生産物とは違って，賞味期限が短
く，流通方法にも限界があった。この問題を解決するために，流通網を積極的
に活用する動きが現れ，マーケティングの観点が誕生することとなった。経済
的な視点から流通問題を解決するためのマーケティング，いわゆるマクロ・マー
ケティングであった。

(2)　**継続したアメリカの発展とマーケティングの変化**

　1800年代後半から始まったアメリカの発展は，1900年代に入ってからも続き
「狂乱の20年代」と呼ばれる1920年代までにも継続した。この時期のアメリカ
はヨーロッパを上回る生産力と有し，年平均 9 ％の経済成長率を維持していた。

領土の拡大による豊富な資源の獲得，交通網の拡張を通した全国流通網の構築，人口の増加による生産力の増加及び大規模な消費市場の形成ができたアメリカは，いわゆる大量生産・大量消費の時代に入っていた。この時期を代表する，フォード社，GM社，P&G社の事例を紹介する。

　まず，フォード社の事例である。1908年に開発されたフォード社のT型自動車は，狂乱の20年代（Roaring Twenties：大きな変化が現れたアメリカの1920年代を表現する言葉である。アメリカの1920年代は，アメリカの歴史的な分岐点ともいわれている。―US-History.comの内容に基づき筆者作成）と大量生産・大量消費を象徴する製品である。フォード社は，コンベアベルト生産システムを導入することで生産性を格段に向上させることができた。その結果，T型自動車の1台の生産所要時間は1時間30分程度まで短縮でき，3分ごとに車1台の出荷が実現できた。自動車産業の発達は，鉄鋼，ガラス，ゴムといった素材産業，車の燃料や化学製品などの化学産業，道路や橋などを作る建設産業の発達を伴う。したがって，T型自動車の成功は自動車産業だけではなく，近現代の主要核心産業がともに発展するきっかけとなった。

　そして，自動車市場において，フォード社の次により大きく成功した企業がGM社であった。1920年代のフォード社の成功を目撃したGM社は，2つの側面で組織の改革を行った。まずは，低価格市場から高価格市場まで対応できる

図表1－5　コンベアベルト生産システムを導入したT型自動車

出所）https://allaboutmodelt.weebly.com/turning-point.html（2022年12月1日閲覧）

製品ラインナップを構築した。次に，黒一色だった自動車市場に新しいカラーとデザイン（GM 社では「スタイリング」という名称を使用）を適用させた。その結果，1930年代からはフォード社より多様な製品を消費者にアピールすることができ，1940年代には，フォード社よりも多種の製品を成功させる企業となった。さらに，GM 社はディーラー制度を用いた流通網の確保，分割払いで車が購入できる新しい支払方法の導入，世界初のコンセプト・カーを利用した広告活動など，様々な活動を並行させた。これは，消費者のニーズに合わせて商品を開発した主な事例のひとつであり，マーケティング・ミックスを適切に活用した事例でもある。それと同時に，市場の主導権が製品を生産するメーカーから少しずつ離れていくことを意味する事例でもある。

　この時代において，マーケティングに関わる最も有名な事例は，P&G 社が1882年に製造し始めたアイボリー石鹸であろう。1882年，P&G 社はある偶然をきっかけに水に浮かぶ石鹸の製造に成功した。この石鹸は，他社の石鹸と比べて純度が高いという特徴があり，この特徴を「純粋（pure）」という言葉のイメージを利用してマーケティング活動を実施した。アイボリー石鹸と名付けられたこの製品は大きな成功を成し遂げた。1920年代当時のプロモーション活動は，主に新聞，テレビ，ラジオのメディアを活用した広告であったが，P&G はそれに加え，子供を対象としたプロモーション活動を実施した。1920年代から1961年まで実施した P&G 社の「石鹸彫刻大会」は，子供を対象としたマーケティング活動のひとつであった。当時は，子供の平均シャワー頻度が週1回程度であったため，子供を対象としたプロモーション活動の実施は，石鹸の使用顧客層の拡大につながった。P&G のアイボリー石鹸の事例は，新しい顧客の創出，市場の拡大，公衆衛生意識の向上への一助，という側面からマーケティングの成功事例として取り上げられている。

　19世紀末におけるマーケティングの課題は，社会・経済的な側面から流通課題を解決するためのものであったが，「作れば売れる」時代であった1920年代には，技術革新を通じた製品生産力の向上が重要な課題となった。その後，生産者の増加とともに競争も激しくなり，少しずつ「よく売れる製品を生産する」

図表1−6　P&G社のアイボリー石鹸

出所）アメリカ国会図書館　https://www.loc.gov/pictures/resource/ppmsca.05944/（2022年12月1日閲覧）
　　　JSTOR DAILY　https://www.u-s-history.com/pages/h1564.html（2022年12月1日閲覧）

時代に移行し始まった。GM社とP&G社の事例は，このような新しいマーケ
ティング観点の登場を意味する。市場に対して効率よい企業活動を行うための
マーケティング観点，いわゆるミクロ・マーケティングの登場であった。

3．マーケティングの領域

(1)　マクロ・マーケティングとミクロ・マーケティング

　前節では，アメリカの発展プロセスを確認した。そのアメリカの変化は，
マーケティング観点にも変化をもたらした。まず，社会・経済的な側面から流
通課題を解決するためのマーケティング観点と，次に，市場に対して効率よい
企業活動のためのマーケティング観点を生み出した。前者のマーケティングを
マクロ・マーケティング，後者のマーケティングをミクロ・マーケティングと
いい，この2つのマーケティングの観点は，今でも重要なマーケティング領域
として研究されている。

　マクロ（macro）という単語は，「大きい」という辞書的な意味を持つ。した
がって，マクロの観点はシステム全体もしくは社会全体の仕組みを把握するこ
とである。マーケティングにおいては，国家経済，政治，社会，流通システム
など全体視点で市場を理解することを意味する。前述のとおりに，マクロ観点
は1960年代から爆発的に増加した農産物の流通問題を解決するために誕生した

ともいえる。当時のマクロ・マーケティング活動は，生産と消費の間に存在する隔たりを解消するための経済活動の一部として認識された。そのため，流通コスト（当時のマーケティングコスト）の上昇問題を解決できる流通機能と流通構造の構築が重要な課題であった。したがって，マクロ・マーケティングは経済的観点が反映されたマーケティングといえる。

　1960年代以降，流通の構造の複雑化，生産，流通，販売の全領域における競争の激化など，市場は大きく変化した。市場に対する生産者の影響力は徐々に弱くなり，多くの企業が存続のために，経営活動への経営資源の投下および消費者をより深く理解しなければならないことに気づき始めた。このような企業を取り巻く環境において，限られた経営資源をもってより効率性の高い経営活動の必要性によって誕生したのがミクロ・マーケティングであった。

　ミクロ（micro）は非常に「小さい」という辞書的な意味を持ち，マクロと比べてより狭い領域を指す。したがって，ミクロ・マーケティングは，個人の経済行動やひとつの企業をめぐる環境，企業の競争など，より狭い領域に注目する。企業や組織の存続と成長を目的とし，企業の経営活動全般をその対象とする。ミクロ・マーケティングで議論される主な内容のうち，代表的なものは次のとおりである。

　① 企業は顧客をどのように理解すべきなのか（ターゲット選定）。
　② 企業は市場をどのように理解すべきなのか（環境分析）。
　③ 顧客との関係をどのように維持するのか（顧客管理）。
　④ 顧客のニーズに合った商品をどうやって企画するのか（商品企画）。
　⑤ 価値と便益はどのように発生させるのか（ビジネスモデル）。
　⑥ どのような競争優位性を持つ商品を作るのか（競争戦略）。
　⑦ 企画された商品をどうやって効率的よく生産するのか（商品生産）。
　⑧ 商品を顧客にどうやって伝えるのか（流通戦略）。
　⑨ 生産した商品をどの価格で販売するか（価格戦略）。
　⑩ 生産した商品をどのように知らせるか（広告戦略）。
　⑪ 商品への忠誠心をどのように作るのか（ブランド戦略）。

	マクロ・マーケティング	ミクロ・マーケティング
誕生背景	マーケティング・コスト（流通コスト）の問題	市場での競争の激化
研究対象	流通課題	企業のマーケティング活動顧客との関係
研究目的	経済的な観点での流通問題を解決するのため	企業の経営問題を解決するため

図表1－7　マクロ・マーケティングとミクロ・マーケティングの特徴

出所）成田景堯（2013：37）を加筆修正して作成

⑫ 各マーケティング活動をどのように進めるか（プロジェクト企画）。

(2)　市場を左右する力

　ここで市場を左右する力の変化を確認する必要がある。マクロ・マーケティングによると，市場の構造は，生産者，卸売業者，小売業者，消費者という4つの組み合わせである。生産者とは，メーカーや工場など製品を直接生産する主体を意味し，主な顧客は卸売業者である。卸売業者は，商社や流通業者のように商品の流通過程を担当する。卸売業者の主な顧客は小売業者である。小売業者は，消費者に商品を販売する役割を果たし，消費者を主な顧客とする。消費者は商品を購入し使用する役割を果たす。

　産業革命から第二次世界大戦までには，生産すれば必ず売れる時代であった。そのため，製造に対するノウハウと技術を有した生産者が市場を左右する力を持っていた。しかし，1940年代から1960年代頃には製造業の競争が激しくなり，供給過剰（需要を超える供給）が始まり，その結果，消費者に選ばれる製品の生産だけではなく，製品を届けるための流通経路や方法など，流通網の重要性が注目された。このような背景から，流通の担い手である卸売業者が市場を左右する力を持つようになった。

　1950年頃（日本は1960年代末）からは，ラジオやテレビといったメディアの利用，販売方法の効果的な設計，消費者ニーズの把握などが重視され，消費者と接する小売業者が市場を左右する力を握ることとなった。その後，1980年代以降には，消費者と積極的にコミュニケーションを行い，消費者のニーズや消

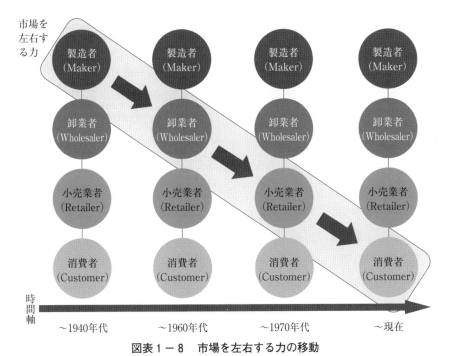

図表１－８　市場を左右する力の移動

出所）イアコブッチ・カルダー著，小林保彦・広瀬哲治監訳（2003：9）を加筆修正して作成

費者の購買過程（カスタマージャーニー）を理解するなど，多様化された消費者のニーズを効果的に満足させることが重要となった。このような市場を左右する力の移動は，マクロ・マーケティングの観点よりミクロ・マーケティングの観点が重視されるきっかけとなった。

(3)　**マーチャンダイジング**

　市場を左右する力が消費者に移ったこことで，近年では，消費者と直接的に接する小売業のマーケティング活動が注目されている。小売業が行うマーケティング活動を「マーチャンダイジング（merchandising）」という。マーチャンダイジングとは「企業のマーケティング目的を達成するために，特定の商品を最も効果的な場所，時間，そして数量で市場に提供することであり，この過程を計画し管理することも含む」。マーチャンダイジングは，次の５つの分野に分類できる。

　まずひとつ目は，「どの商品を販売するのか」という商品企画の分野である。顧客のニーズが満たせる適正な商品を選定することである。2つ目は，「どこで販売するのか」という店舗戦略の分野である。店舗立地の選定，店舗内の適切な動線の管理，品揃え，ディスプレイ方法などを意味する。3つ目は「いつ販売するのか」という，販売戦略の分野である。消費者のアクセシビリティ，季節，休みなどを考慮し，販売する曜日や時間帯といった販売方法を決定することである。4つ目は「どのくらいの値段で販売するのか」という価格戦略の分野である。単に販売価格を決定することだけではなく，クーポンやポイントなどの制度を適用し，消費者が納得すると同時に知覚価値が最大化できる価格の提示方法を決定することである。5つ目は「どのくらい供給するのか」という在庫管理の分野である。店舗の広さや管理方法などを総合的に考え，最適な在庫管理方法を選定することを意味する。

　マーチャンダイジングは多様な側面から解釈されているため，それだけ多様な戦略が登場している分野である。特に市場を左右する力が消費者に移動した現在は，マーチャンダイジングの重要性がさらに高まっている。

4．マーケティングの機能

　マーケティング活動の対象は，継続的に拡大されてきた。その結果，企業活動の詳細なことから社会全体の活動まで，現在のマーケティングが対象としている領域は非常に幅広い。したがって，マーケティングの機能も多様化され，① 新商品開発，② 改善技術研究，③ 新しいライフスタイルの提案，④ 顧客の創出・関係構築と維持など，4つの主な機能に分類される。

(1)　マーケティングの機能—新商品開発

　消費者に求められる製品やサービスを創り出すためには，消費者が何を求めているのかを把握しなければならない。ここで，消費者のニーズ（needs）とウォンツ（wants），そして需要（demand）に関する概念を確認する必要がある。ニーズやウォンツ，需要の概念は一見するとほぼ同じ概念として思われるが，それぞれ異なる意味を持つ。

　フィリップ・コトラーによると，ニーズは不足や不便を感じる状態，つまり根本的な欠乏を感じる状態を意味する。お腹が空いて何か食べたい，のどを潤わせたい，移動手段が欲しい，といった感情である。それに比べてウォンツは，個人と個人が属する文化を通じてニーズが具体化されたものである。何かが食べたいというニーズがあったとしても，具体化されたウォンツは，文化によってパンを求める場合もあるし，ご飯を求める場合もある。のどを潤わせたいというニーズがあったとしても，お水ではなく，カテキンが多く含まれたお茶やダイエットによい飲み物を求めるケースもある。また，移動手段が欲しいといったニーズの場合，単に移動できる車ではなく，自分が好きな色やデザイン，時にはスポーツカーといった車を求める場合など，ニーズを満たせる対象は個人の経験や社会的な文脈によって異なる。最後に需要は，購入しようとする行動が現れるほど強くなったウォンツを意味する。言い換えると，購買力を有した消費者のウォンツである。

　したがって，企業が新商品を開発する際には，まず消費者が感じるニーズと求めるウォンツを理解し，購買意思と購買力のある消費者の規模を確認する需要分析が必要となる。例えば，音楽に関するニーズを考えてみよう。音楽を楽しみたいという感情は人間であるとしたら誰でも持っている。中世時代なら誰かが演奏してくれたり歌ってくれたりしない限り，満足できないニーズである。技術の発展によってレコードやテープといった音響媒体とオーディオが誕生した後には，簡単に満足できるニーズとなった。オーディオという新商品の登場により「より良い音質のオーディオが欲しい」という新しいウォンツも現れた。このウォンツにお金を出す意思と支払う能力がある消費者は，オーディオ機器に対する需要を形成する。そして，需要が成長することによって，アンプやスピーカーといったオーディオ機器の市場も成長した。

　音楽が聴きたいというニーズが満足できると，また新しいニーズが生まれる。それは「いつでもどこでも音楽が聴きたい」というニーズであった。このニーズにより，ウォークマンが開発され，今度は「より高音質のポータブル音楽プレーヤー」や「より良いデザインを持ったポータブル音楽プレーヤー」といっ

たウォンツが現れた。そして，このウォンツに対してお金を払う意思のある消費者が増加したことによって，ポータブルオーディオプレーヤーの市場が成長した。

　ポータブルオーディオプレーヤーの市場が形成された後は「簡単に音楽が購入できる方法が欲しい」「今よりも小さくて軽いプレーヤーが欲しい」のようなニーズが生まれる。このニーズにより，FLACやMP3ファイルといったデジタル音楽データが再生できるデジタルオーディオプレーヤーが誕生した。さらに，YouTube musicやamazon musicなど，インターネットを通じて簡単に音楽ファイルが購入できるサービスも登場した。現在，デジタルオーディオプレーヤーは携帯電話と結合され，スマートフォンとなっている。

　このように，マーケティングは，消費者のニーズとウォンツ，そして需要を正確に把握することで，新商品開発に必要な洞察を提供する。

(2)　マーケティングの機能—改善技術研究

　前述の音楽を楽しみたいというニーズの例をもう一度考えてみよう。このニーズは，アナログオーディオ，ウォークマン，デジタルオーディオプレーヤー，スマートフォンなどの製品が続々と開発されることによって満足されてきた。その背景には技術の発展がある。大量生産が可能になった時期に，技術と製品の関係は「たまたま技術があったので，製品の製造が可能であった」という形に近いものであった。いわゆる，技術を持っているから製造するという考えである。しかし，市場での競争が激化した現在は，持っている技術だけでは市場のニーズやウォンツに対応できず，より高度な技術または存在しない技術が求められるケースも少なくない。その場合，新しい技術の開発や既存技術の改善が必要となる。新製品に必要な技術を開発する活動，いわゆる研究開発（Research and Development：R&D）は現代企業にとって不可欠な活動である。R&D活動の目的は新製品の開発であるため，消費者のニーズやウォンツ，そして需要を正確に理解することが重要である。したがって，マーケティングは新技術開発や既存技術改善の方向性を定める上で必要な知識を提供する。

⑶　マーケティングの機能―新しいライフスタイルの提案

　マーケティングは，消費者に新しいライフスタイルを提案する機能を持つ。現在タブレットと呼ばれる製品が代表的な例である。Apple 社は，2010年にiPad を発表した。当時の消費者には，簡単なウェブページの閲覧，電子メールの確認，写真の確認，動画及び音楽の鑑賞，簡単なゲームのプレイ，読書などが手軽にできる端末へのニーズがあった。このニーズを満足させるために開発されたのは，いわゆる「ネットブック」と呼ばれる低性能，安価な小型ノートパソコンであった。ネットブックは，上記のニーズを把握していたノートパソコンのメーカーが，自ら有しているノートパソコンの生産技術を応用して作ったものであった。しかし，Apple 社は新しい技術開発を通じて新しいカテゴリーの製品を開発することを選択した。その結果，それ以前には存在しなかったカテゴリーの製品が誕生した。

　消費者にとって，新しいカテゴリーの製品に対する購買意思決定はそれほど簡単なことではない。そのため，Apple のスティーブ・ジョブズ氏は，家庭で一般的に使われているソファーを用意し，そのソファーに座って iPad を使用

図表 1 － 9　Apple 社による iPad の発表

出所）Apple podcast（2022年12月 1 日閲覧）

する姿を見せ，製品のアイデンティティを消費者に認識させた。このような製品プロモーションで，消費者は自らの潜在ニーズを感じ取り，タブレットという新しいカテゴリーの機器を受け入れやすくなった。

　このような新しいライフスタイルの提案は，IT分野だけでなく，さまざまな分野で使われている。朝食にトーストを食べるスタイルを提案したり，布団を使う人々にベッドで寝るスタイルを勧めたりなど，すべてが新しいライフスタイルの提案である。マーケティングは新しいライフスタイルの創出および提案を行う。

(4)　マーケティングの機能─顧客の創出・関係構築と維持

　ある商品を購買した消費者を考えてみよう。もし購買した商品に満足した場合，その商品を再購買したり，周りに推奨する可能性が高い。企業にとってこのような顧客は，商品の購買によって一次的な収益を生み出し，再購買や周囲への推奨によって追加的な収益を発生させている。顧客が発生させる収益は，顧客生涯価値（Life Time Value：LTV）という指標で計算できる。そして，LTVは企業の事業進行の評価指標としても使われる。

　企業の収益は，自社の製品やサービスを購買し使用する消費者が多ければ多いほど高まる。したがって，企業は顧客との関係形成に努力する。この活動が，新規顧客創出活動である。新規顧客を確保する際には「顧客獲得費用（Customer Acquisition Cost：CAC）」といった「一人の新規顧客を確保するために必要な費用」が発生する。CACは，新規顧客を獲得するのに使った総費用を顧客数で割ることで計算できる。したがって，CACがLTVより高い場合，該当事業を継続することは難しい。

　それに比べて，ある商品を購買し満足した消費者は，再購買までのハードルが低く，購買意思決定が終わるまでの所要時間も短い。その特性があるため，購買経験をもっている消費者との関係を維持するとマーケティング費用が節約できる。さらに，長期的な関係が構築された顧客からは，追加的な収益やLTVそのものの増加も期待できる。したがって，企業に必要なもうひとつの活動は，既存顧客との関係を長期的に維持することである。もちろん，企業が

既存顧客との関係を継続的に維持する際にも「顧客維持コスト（Customer Retention Cost：CRC）」という費用は発生するが，新規顧客を獲得する際のCACにくらべ，40～60％ほど低く抑えられる。

　既存顧客との関係を長期的に維持しLTVを高めさせる手法としては，長期的・短期的という2つの観点によって実施される。長期的な観点とは，商品，企業，またはブランドに対する忠誠心を高め，継続的かつ長期的な取引関係を維持することを意味する。また，短期的な観点は，クーポンやイベントなどのプロモーションや商品を継続的にリマインドさせる広告などを用いて，短期的な再購買を誘導する方法である。

　このように，さまざまなマーケティング手法を駆使し，新規顧客を獲得したり，既存顧客との関係を維持することは企業にとって不可欠な活動であり，マーケティングの重要な機能である。

【引用・参考文献】

Debra, J. R. & Barton, W. (2007) The American Marketing Association Definition of Marketing: Moving from Lagging to Leading Indicator, *Journal of Public Policy & Marketing,* 26 (2)：251-260.

Gregory, T. G. & William, L. W. (2009) "The American Marketing Association's New Definition of Marketing: Perspective and Commentary on the 2007 Revision", *Journal of Public Policy & Marketing,* 28 (2)：259-264.

Kotler, P., Armstrong, Gary., Saunders, J. & Wong, V. (1999) *Principles of Marketing Second European Edition,* Prentice Hall Europe.

イアコブッチ, D., カルダー, B. J. 著, 小林保彦・広瀬哲治監訳 (2003)『統合マーケティング戦略論』ダイヤモンド社

石井淳蔵・嶋口充輝・栗木契・余田拓郎 (2013)『ゼミナール　マーケティング入門　第2版』日本経済新聞出版社

石井淳蔵・廣田章光・清水信年 (2019)『1からのマーケティング　第4版』碩学舎

コトラー, P., アームストロング, G., オプレスニク, M. O. 著, 恩藏直人監修訳, バベルプレス訳 (2022)『コトラーのマーケティング入門』（原書14版）丸善出版

コトラー, P., アームストロング, G., 恩藏直人 (2014)『コトラー, アームストロング, 恩藏のマーケティング原理』丸善出版

コトラー, P., ケビン, L. 著, 恩藏直人監修, 月谷真紀訳 (2014)『コトラー＆ケラーのマーケティング・マネジメント　第12版』丸善出版

高瀬浩 (2005)『ステップアップ式 MBA マーケティング入門』ダイヤモンド社

那須幸雄 (2005)「マーケティングの新定義 (2004年) について」『文教大学国際学部紀要』16(1)：75-79

那須幸雄 (2009)「AMA によるマーケティングの新定義 (2007年) についての一考察」『文教大学国際学部紀要』19(2)：93-99

成田景亮 (2013)「マクロマーケティング研究の特徴と類型」『明大商學論叢』96(1)：27-48

日本オペレーションズリサーチ学会 (2000)『OR 用語辞典』日科技連出版社

ハーバード・ビジネス・レビュー編集部編／ DIAMOND ハーバード・ビジネス・レビュー編集部訳 (2017)『マーケティングの教科書』ダイヤモンド社

和田充夫・恩藏直人・三浦俊彦 (2022)『マーケティング戦略　第6版』有斐閣

【レビュー・アンド・トライ・クエスチョンズ】

・AMA におけるマーケティングの定義を参考にし，身近なマーケティングの事例を考えてみましょう。
・マクロ・マーケティングとミクロ・マーケティングの事例を探してみましょう。

いっそうの学習を進めるために

マーケティングの意味について理解を深めるために，以下の文献の講読をお勧めする。
コトラー, P. 著, 高岡浩三 (2016)『マーケティングのすゝめ―21世紀のマーケティングとイノベーション―』(中公新書ラクレ) 中央公論新社

第2章　マーケティングの基本課題と　　マーケティング・マネジメント

●本章のポイント●

　ここでは，マーケティングの基本課題としてマーケティングを行うための視点やマーケティングを行う上でのコンセプトを把握する。

　また，販売とマーケティングの違いを理解した上で，マーケティングの一連の流れ（プロセス）について学習する。マーケティングがどのような視点で行われているのかを検討することで，効率的で理にかなったマーケティング・マネジメントの仕組みが概観でき，この理解を前提に第2部で示されるより具体的な取り組みの基礎を固めることを目的としている。

Keyword

2W1H，5W1H，needs，wants，マーケティング・コンセプト，販売，マーケティング・プロセス，戦略的プロセス，戦術的プロセス，STP戦略，マーケティング・ミックス，4P，4C，プッシュ戦略，プル戦略，R-STP-MM-I-C，マーケティング情報システム

▶▶▶ 第1節　マーケティングの基本課題 ◀◀◀

1．2W1Hによる視点

　マーケティング戦略を立てる際に必要な視点は，誰に（Whom），何を（What），どのように（How）届けるかである。

　誰に（Whom）とは，企業が製品を売りたい顧客は誰かということであり，顧客の対象をより具体的に設定することが望ましい。

　何を（What）とは，顧客に届ける製品がどんなものかを意味し，消費者（顧客）に何を提供するかを定義する。

　どのように（How）とは，製品を対象とする顧客にどのように提供するかである。

　2W1Hについては，Whom・What・Howと形示されるケースの方が一般的にはわかりやすいと考えられるが，この場合，現在においてのWhoは，「誰が」ではなく，ここで示しているように「誰に」を意味する。この考え方は，5W1Hの発想を基礎としており，そこから派生した6W2Hの他，5W2Hや7W2Hなどの要素として整理された。また，5W1Hには，2節で述べるマーケティング・フレームワークである4P分析の視点が含まれているといえる。

2．needsとwants

　フィリップ・コトラー（Kotler, P.）によれば，ニーズ（needs）とは，人間の基本的要件，すなわち，人間が生活上必要なある充足状況が欠乏状態にあることとしている。例えば，衣食住といったものは，人間が生活していく上で必要なものである。

　これに対して，ウォンツ（wants）とは，同じくコトラーによれば，ニーズを満たすための特定のモノが必要であるという欲求をいう。

　ニーズを目的とすれば，ウォンツは目的達成のための手段だといえる。

3．マーケティング・コンセプト

　マーケティング・コンセプトとは，マーケティングを行う上での考え方をいう。

　企業は，「市場でより多くの製品を販売すること」を目的としており，そのために目標を掲げていかなるスタンスで市場に対応していくかを決める必要があった。マーケティング・コンセプトは，市場の成熟度に応じて変化するものといえる。

　マーケティング・コンセプトの種類は，以下の5つである。

(1)　生産志向

　生産的志向は，如何に効率よく作るかに重点が置かれる。この志向は，供給

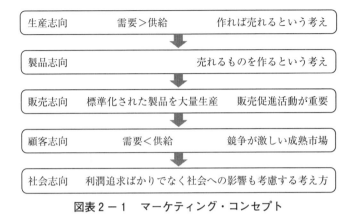

図表2−1　マーケティング・コンセプト

より需要が上回っている状況下での考え方として適したものであり，作れば売れるという環境の中での志向として捉えることができる。

(2)　**製品志向**

　上記の生産指向のように作れば売れるという状況に近いが，如何に売れるものを作るかという点に重点が置かれた志向である。

(3)　**販売志向**

　積極的に売り込んでいけば売れるという状況における志向であり，いわゆる標準化による大量生産を行った製品をどう売っていくかというプロダクトアウトの考え方である。

(4)　**顧客志向**

　成熟した市場としての需要が供給を上回る状況における志向であり，市場のニーズを探り，そのニーズを満たす製品を考えるというマーケットインの考え方である。

(5)　**社会志向**

　企業の最大の目的とされる利潤追求ばかりでなく，社会への影響も考えねばならない状況における志向であり，社会や地球環境に影響を及ぼすような状況における志向であり，もしそうした影響があるならば，製品の生産や販売を行わないことも検討・実施されるという考え方である。

4．販売とマーケティング

　「販売」と「マーケティング」の違いは何か。この両者の区別を明確にしておく必要がある。なぜなら，両者を混同して理解しがちであるからである。販売とマーケティング各々の対象の違いを明確に認識しなければ正しい理解にはつながらない。

　一般的に販売を行うのは，営業の役割であるとされている。営業は，モノやサービスを売る仕事である。営業の最終目的は，顧客との売買契約の締結である。販売の対象は製品であり，営業は顧客に対してどのようなモノを売るかといった製品を中心に据えてこれをいかに売っていくかを考えて行動するのが営業である。

　販売の対象は，企業が生み出した製品であるのに対して，マーケティングの対象は売る相手である顧客である。市場（マーケット）に対して，消費者（顧客）がなぜ製品を買うかを追求し，製品や自社の価値を見出すこと。

　つまり，マーケティングは，製品が売れる仕組みを作ることにある。このように対象をどこに置くかの違いが，販売とマーケティングが大きく異なる点である。

▶▶▶ 第2節　マーケティング・マネジメント ◀◀◀

1．マーケティング・プロセス

　マーケティング・プロセスとは，マーケティングの一連の流れを示すものであり，次の6つに分けることができる。

① 市場分析

② セグメンテーション

③ ターゲティング

④ ポジショニング

⑤ マーケティング・ミックス

⑥ 実行と評価

　大きく区分すると ①，② は戦略的プロセス，③〜⑥ は戦術的プロセスとし

て実践していくフェーズに分けられる。初期段階にあたる ① については，事業規模によっては十分に経営資源を割けない場合もある。その場合には，このステップはできる範囲の実施とし，② から ④ までに注力する方法があり，これを「STP 戦略」という。

2．マーケティング・ミックス

　マーケティング・ミックスとは，マーケティング戦略の中で，ターゲットとする市場から企業にとって望ましい反応を引き出すためにフレームワークやツールを組み合わせ，具体的にどのような戦略をとるかという実行戦略を策定することである。

　企業が考えるマーケティング戦略を製品の企画，広告宣伝活動，営業活動といった実際の活動を円滑に進めるためには，いくつかのフレームワークやツールを組み合わせて使うことが必要である。

　プロダクトアウトとは，企業の技術や考え方などから企業が創りたいモノ，作れるモノをもとに，企業の視点で商品開発や生産をすることを指す。市場にモノが過剰でない状況下において，作れば売れる状況であり，大量生産により製品を作った後にどのように売るかを考えるプロダクトアウトの考え方の下で企業は成長してきた。

　しかし，モノが十分に供給され，市場が成熟した状況下では，作り手本位の製品やサービスは受け入れられなくなったため，顧客のニーズを重視するマーケットインの考え方が登場する。

　プロダクトアウトでは，製品・サービスに適した顧客を見出すことが目的だが，市場が供給過剰でモノが売れない状況では，マーケットインに基づき，顧客に適した製品・サービスを提供することが目的となる。

3．4P について

　4P とは，マーケティング・ミックスの要素であり，Product（製品），Price（価格），Place（流通），Promotion（プロモーション）を示すものである。

図表2－2　4P

(1)　Product（プロダクト：製品）

　Product においては，どのような製品やサービスをターゲットとなる市場に
売るのか。製品が売れるには，他とどう差別化していくかといった売る製品に
関するコンセプトづくりが重要となる。

(2)　Price（プライス：価格）

　Price においては，製品をどのくらいの価格でターゲットとなる市場に届け
ればいいのか，高価格で売るのか，あるいは低価格で売るのかといったターゲッ
トとなる市場に合致した価格設定が重要となる。

(3)　Place（プレイス：流通）

　Place においては，製品をどのような経路やどのような手段でターゲットと
なる市場に届けるのかを考える必要がある。店舗，卸，通販など最適な流通を
考える必要がある。

(4)　Promotion（プロモーション）

　4つめの要素である Promotion においては，どのように製品の存在や特徴，
そして魅力についてターゲットとなる市場にどのように知らしめるのかを考え
ることが重要である。これまで一般的に行われてきた広告，ホームページ，キャ
ンペーンをはじめ，近年ではスマートフォン等の気軽にインターネットにアク
セスできる環境下での SNS 等，様々なやり方での検討が必要である。

　これまでは，この4P という企業側からの視点が重視されてきたが，さらに
マーケティング理論が進化していく中で，企業の視点からでなく，4C という

顧客である消費者の視点も必要とされる。企業側からの視点と消費者側からの視点の両方が，現在のマーケティングには必要とされており，どちらか一方では十分とはいえないと考えられる。

4．4C について

4C は，アメリカの経済学者ロバート・ラウターボーンにより定義された概念である。4C とは，マーケティング・ミックスの要素として，顧客価値（カスタマー・バリュー：Customer Value），顧客コスト（コスト：Cost），利便性（Convenience），コミュニケーション（Communication）を消費者（顧客）からの視点で扱っている。

⑴　顧客価値（カスタマー・バリュー：Customer Value）

顧客価値（Customer Value）は，顧客のニーズを捉え，あくまでも顧客にとって価値あるものになっているかに主眼を置いている。4P では Product（製品）に対応するものである。その製品が顧客にとってどんな価値をもたらすかといった視点を必要とする。

⑵　顧客コスト（コスト：Cost）

Cost（コスト）とは，製品に顧客が負担するコストに見合う価値を意味する。製品自体の価格はもちろん，製品を顧客が購入するまでにかかるコストも考慮して顧客のコスト負担がどれだけか，それに見合う妥当な価値が提供する製品にあるのかといった価格設定の妥当性を検証する。4P では Price（価格）に対応する。

⑶　利便性（Convenience）

利便性とは，顧客が企業の製品やサービスに抱く価値であり，便利さやわかりやすさ，性能などといった，製品の品質だけでなく，デザインやブランドなど，顧客にもたらすあらゆる価値である。4P では，Place に対応する。

⑷　コミュニケーション（Communication）

コミュニケーションとは，顧客との接点をどのように持つかや，親しみやすさなどの関係性といった事柄を表す。顧客との円滑なコミュニケーションについて検討し，顧客との良好な関係構築を試みる。4P では，Promotion に対応

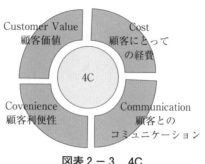

図表2－3　4C

する。

　4Cは，ロバート・ラウターボーンにより定義された概念であり，マーケティングに重要な「価値」「コスト」「利便性」「コミュニケーション」で構成され，この4要素は常に顧客視点で考えるフレームワークである。それ以前は，エドモンド・ジェローム・マッカーシーが定義した「4P」の概念が主流で，「製品（Product）」「価格（Price）」「流通（Place）」「宣伝（Promotion）」の4つの要素が作り手の視点から考えられていた。

5．プッシュ（Push）戦略

　プッシュ戦略とは，取引先の流通企業や販売店に自社商品の取り扱い・販売を促す戦略をいう。販売を押し出すように促すイメージから，プッシュ戦略と呼ばれる。

6．プル（Pull）戦略

　プル戦略とは，広告などを用いて顧客に直接製品の魅力を伝え，顧客の購買意欲を引き出す戦略をいう。顧客の需要を引き出すことを目的としているイメージから，プル戦略と呼ばれる。

▶▶▶ 第3節 マーケティング・マネジメントの基本枠組み ◀◀◀

1．マーケティング・マネジメントの流れ

マーケティング・プロセスは上記の6つの段階に区分するやり方以外に，「R-STP-MM-I-C」と示される場合もある。

① R（Research）：調査，分析
② STP：
- セグメンテーション（Segmentation）（市場の分割）
- ターゲティング（Targeting）（標的市場の選択）
- ポジショニング（Positioning）（位置取り）
③ MM：マーケティング・ミックス（Marketing Mix）（マーケティング要素の組み合わせ）
④ I：Implementation（実施）
⑤ C：Control（管理）

なお，① と ② は戦略的プロセス，③ 以降を戦術的プロセスに大きく分けることができる。市場調査後に行う STP は，R-STP-MM-I-C の提唱者であるコトラーが最も重視しているプロセスである。

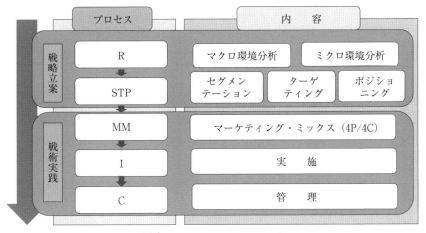

図表2－4 R-STP-MM-I-C

2．B＋STP＋M

　他にマーケティングの進め方として，以下のようなものがあげられる。

① 事業領域の決定（B）

② 市場の細分化（S）と主たる顧客ターゲットの設定（T）

③ 製品・サービスの心理的な位置づけ（P）

④ マーケティング・ミックスの決定（M）

　マーケティング戦略を進めていくには，環境分析，基本戦略（STP分析）の後，マーケティング・ミックスを行った上で，施策の実行へと移っていくやり方が一般的である。実行戦略とも呼ばれるマーケティング・ミックスは，その前段階で策定された戦略から，企業が設定するターゲットにどのようにアプローチするかを決定する工程である。

　マーケティング・ミックスのオーソドックスな考え方では，4Pを検討することが主流とされてきたが，現在は4Cを起点として戦略を組み立てたり，逆に4Pの形で考えていく方法もひとつの大きな流れとされている。

　4Pと4Cの両者の対応関係をみると，

● 製品（Product）＝顧客価値（Customer Value）

● 価格（Price）＝顧客にとっての経費（Cost）

● プロモーション（Promotion）＝顧客とのコミュニケーション（Communication）

● 流通（Place）＝顧客利便性（Convenience）

となる。

3．マーケティング・マネジメントシステム

　マーケティング・マネジメントにおいて，マーケティングのプロセスを円滑に進めるには，そのチェックが重要となる。これは，マーケティングをより効果的に進めるために必要であり，これを実行するために必要なものをマーケティング・マネジメントシステムという。

　マーケティング・マネジメントシステムは，①マーケティング情報システム，②マーケティング計画と予算管理，③マーケティング組織

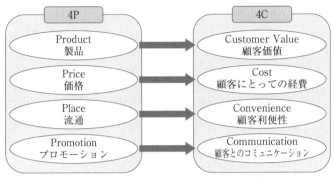

図表 2 － 5　　4P →4C

という 3 つのサブシステムで構築される。

(1)　マーケティング情報システム

　マーケティング情報システムは，マーケティングに必要とされる情報を正確に収集するために重要となる。様々な情報が溢れる現代においては，企業にとって有効な情報を取得可能な多くの情報の中から得ることが，マーケティング戦略にとって非常に重要であり，確実かつ迅速な情報収集が競合企業等との競争に打ち勝つためには，必要不可欠となってきている。最近では，インターネットの普及により，ビッグデータといわれるこれまで以上に多種多様な情報の活用が問われている。

　企業は膨大な情報を分析して，そのときに応じた適切なマーケティング案を考える必要があり，競合他社の動向や市場環境，販売状況などの必要とされる情報をしっかり収集することがマーケティングのより効果的な実践に結び付くからである。

(2)　マーケティング計画と予算管理

　マーケティングには，しっかりとした計画と予算管理が必要であり，マーケティングの計画立案には，できるだけ具体的な数値を用いるのがポイントとなる。現実的な計画の設計には，予算管理も合わせて検討し，絵にかいた餅とならないよう注意が必要である。

　企業は，長期的な目標の設定だけではなく，短期・中期の目標の詳細な設定

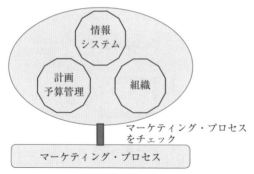

図表2－6　マーケティング・マネジメントシステム

も重要であり，短期・中期・長期目標の整合性を図ることが求められる。しか
し，それらの目標数値は，単に整合性があるだけでなく，実現可能なものでな
ければならない。

　実効性が乏しい目標の場合，マーケティングを実践する組織のメンバーのモ
チベーションは，低下する可能性が高まるため，より注意深く実現可能な各目
標設定を行う必要がある。そしてその目標達成のためには，実現可能性や予測
可能性を裏打ちできる期間ごとに区切って把握可能な予算管理が重要な意味を
持つのである。

⑶　マーケティング組織

　これまでに示した仕組みを円滑に進めていくためには，その目標を達成する
ために活動するマーケティング組織が必要不可欠である。そしてその組織が機
能し続けるためには，必要な人材の獲得や養成が求められる。仕組みが形式的
に整っていても，マーケティングの評価方法や仕組みなどを実行できる組織や
それを構成する従業員が存在しなければ，マーケティング戦略に反映すること
は不可能であり，マーケティング・マネジメントは成立しない。

【引用・参考文献】

Kotler, P. & Keller, K. L. (2007) *A Framework for Marketing Management*, 3rd
　　Edition, Prentice Hall.（恩藏直人監訳，月谷真紀訳〔2014〕『コトラー＆ケラー

のマーケティング・マネジメント　基本編　第3版』丸善出版）

石井淳蔵・廣田章光編著（2009）『1からのマーケティング　第3版』碩学舎

石井淳蔵・嶋口充輝・栗木契・余田拓郎（2013）『ゼミナール　マーケティング入門　第2版』日本経済新聞出版社

小川孔輔（2009）『マネジメント・テキスト　マーケティング入門』日本経済新聞出版社

久保田進彦・澁谷覚・須永努（2013）『はじめてのマーケティング』（有斐閣ストゥディア）有斐閣

新津重幸・庄司真人（2017）『マーケティング論　改訂版』白桃書房

日経デジタルマーケティング編（2017）『マーケティング基礎読本　増補改訂版』（日経BPムック）日経BP社

沼上幹（2008）『わかりやすいマーケティング戦略　新版』（有斐閣アルマ）有斐閣

野口智雄（2017）『ビジュアル　マーケティングの基本　第4版』（日経文庫）日本経済新聞出版社

和田充夫・恩藏直人・三浦俊彦（2016）『マーケティング戦略　第5版』（有斐閣アルマ）有斐閣

【レビュー・アンド・トライ・クエスチョンズ】

・マーケティング・プロセスをまとめてみよう。

・マーケティング・ミックスについてどのようなやり方があるか確認してみよう。

いっそうの学習を進めるために

　マーケティングの基本課題を意識した上で，今後の各章の理解を深めてもらいたい。特に本章で取り上げた事項と関連する事項を調べ，よく知ってもらう意味で以下の本も参考にされたい。

石井淳蔵・嶋口充輝・栗木契・余田拓郎（2013）『ゼミナール　マーケティング入門　第2版』日本経済新聞出版社

小川孔輔（2009）『マネジメント・テキスト　マーケティング入門』日本経済新聞出版社

第3章　マーケティングと環境分析

●本章のポイント●

　ビジネスは常に競争にさらされる。企業が競争に勝ち抜き，成長し続けるためには優れたマーケティング戦略の策定が必要となるが，優れたマーケティング戦略を導き出すためには，何より十分な現状の分析，つまり企業を取り巻く環境の客観的なデータ分析が大前提となる。例えば，競争の数，競争の激しさ，競合相手の種類など，競争状況をダイナミックに変化させる競争動向はいうまでもなく，自社の経営資源，消費者の動向，流通市場の様態，政府等による規制，政治，経済，文化，社会，技術，自然環境など，企業ビジネスに影響を与える様々な要因すべての情報収集および分析が必要となる。

　したがって本章では，次の2点を意識しながら学習していく。
・製品や産業ライフサイクルを通じて市場のダイナミックスを理解する。
・企業の内部・外部環境分析がなぜ必要なのか，またどのような分析手法が用いられるのか。

Keyword

製品ライフサイクル（PLC），革新的採用者，初期採用者，追随型採用者，遅滞者，産業ライフサイクル（ILC），企業を取り巻く内部・外部環境，3C分析，SWOT分析，マーケティング近視眼，マーケティング遠視眼，製品ポートフォリオ（PPM）

▶▶▶ 第1節　市場のダイナミックス ◀◀◀

1．製品ライフサイクル（PLC：Product Life Cycle）

　「製品ライフサイクル」とは，製品やサービスも人間と同じく寿命があるという考え方で，人間が「乳幼児期」「青少年期」「成人期」「高齢期」を辿ることと同じく，製品やサービスが開発され市場に導入された時から市場から姿を

消すまでを「導入期」「成長期」「成熟期」「衰退期」という4つのステージで説明したもので，PLCと略される。縦軸を「売上高」，横軸を「時間」とする製品ライフサイクルは，基本的に緩やかなS字曲線を描き，製品やサービスの売上げ動向と収益性が時間とともに変化することが読み取れる。

⑴　**導入期（Introduction Stage）**

　製品やサービスが市場に導入されるステージで「生成期」ともいう。競合他社は殆どないが，売上げが低調のため収益はほとんど得られない。また，広告や販売促進など導入に伴う費用が大きいため収益がマイナスの場合も多い。

⑵　**成長期（Growth or Competitive）**

　製品やサービスが急激に受け入れられるステージで，売上げも収益も急速に増加する。しかし，競合他社も同時に増えるため，競争に勝ち成長するための費用も多い時期である。

⑶　**成熟期（Maturity）**

　売上げがピークになるステージで，製品やサービスが潜在的な買い手にほとんど受け入れられ成長は鈍化するが，競合他社も減少し従来の投資があまり要らないため収益性もピークになる時期である。

⑷　**衰退期（Declining）**

　売上げも収益も競合他社もすべてが減少するステージで，事業の縮小または撤退を検討しなければならない時期である。

２．様々な製品ライフサイクル

　製品ライフサイクルは，図表3−1のように緩やかなS字曲線で表すのが一般的だが，すべての製品やサービスがこのような曲線を描くとは限らない。製品ライフサイクルのパターンの形や期間があまりにも多様であることへの指摘も少なくない。例えば，製品やサービスによっては急激に受け入れられ急激に衰退してしまう場合もあれば，衰退期に入った後でも斬新なプロモーション活動などにより反復的に売上げの増加がみられる場合や，何十年も長く愛され続ける場合など，他にもいくつかの製品ライフサイクルの形態が生じる。

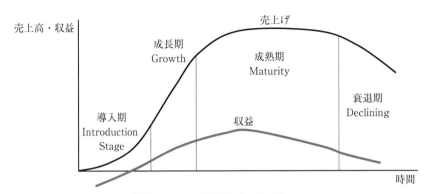

図表3－1　製品ライフサイクル

出所）和田・恩蔵・三浦（2006：179）を加筆修正して作成

　以下では，一般的な製品ライフサイクルの他に，製品・サービスの特徴や売れる期間などによって分類できる代表的な5つの製品ライフサイクルを紹介しよう。

⑴　「スタイル」

　住宅や芸術など，あまり流行に左右されないもので，新しい機能やスタイルなどが出るたびに繰り返し需要が伸び，世代を超え長期的に受け入れられるものである。例えば，アメリカ北東部に位置する8つの大学（ブラウン，コロンビア，コーネル，ダートマス，ハーバード，プリンストン，ペンシルバニア，イェール）は「アイビー」という上品で伝統的な意味として学生の間で広まり，盛衰を繰り返しながらいまも受け入れられている。このように，人為的な努力や行為によって需要の復活を繰り返すライフサイクルのパターンをスタイルという。

⑵　「ファッション」

　常に流行にさらされ模倣品や同じデザインの競争も多いため将来の売れ行きの予測が最も困難となるものとされ，ある程度の期間で衰退するパターンである。1990年代の「マルキュー」，中高生を中心に流行した「コギャル」，その後の「ヤマンバ」，1990年代後半から真っ黒の顔を化粧した「ガングロ」，その後の「ヤマンバ」など，新規性を求められるため，ある程度の期間が過ぎると自

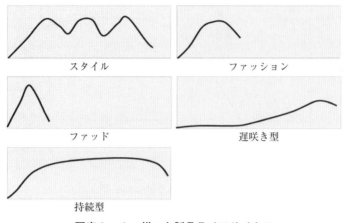

図表3－2 様々な製品ライフサイクル

出所）Kotler & Keller（2006：323）を加筆修正して作成

然に衰退する。

⑶ 「ファッド」

　製品やサービスが市場に導入され衰退するまでの期間が短く，急速に受け入れられ急速に衰退していくファッドは，大きく2つのタイプに分けられる。例えば「たまごっち」「妖怪ウォッチ」「ギター侍」など，一機に需要が高まるがあっという間に市場から消滅する自然的な発生をしたファッドと，企業が意図的に行うファッドである。例えば，家電業界においてはそれほど大きな機能の変更がなくても，年に一回のモデルチェンジで旧モデルを陳腐化させる手法をとっているが，これは戦略的に新製品や新モデルを市場に導入させることで，購買を刺激させる「計画的陳腐化（planned obsolescence）」という計画的ファッドである。

⑷ 「遅咲き型」

　製品やサービスが市場に導入され，なかなか需要が伸びない状態が続いていたが，パブリシティや報道，または何らかのきっかけでブレイクするパターンだが，例えばコロナ感染症によるマスクの需要の急増もこれに該当する。

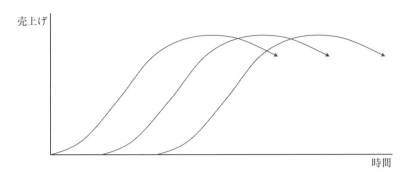

図表3－3　製品やサービスの市場導入タイミング

⑸　「持続型」

　長く愛され続ける，いわゆるロングセラー商品で，「ガリガリ君」「森永キャラメル」「ドラえもん」「サザエさん」などがあげられる。

　現代においては，企業の計画的陳腐化を含め，技術の進歩の速度が速まっていることや消費者ニーズの多様化により新製品が市場に導入され衰退するまでのサイクルが益々短くなっている。したがって，企業の継続的な成長を考えると次から次へと新製品やサービスを市場に導入させ，売上げを確保しなければならない。そのためには，消費者のニーズやウォンツの変化を敏感に把握することはもちろん，市場に導入させた既存の製品・サービスが製品ライフサイクルのどの段階であるのかを見極め，次の製品・サービスをいつ市場に導入させるのかが大事で，タイミングを間違うと企業の財務状況が苦しくなる。

　図表3－3のように，既に市場に導入させた製品・サービスが成長期に入った時点で次の製品やサービスを導入させるのが最も好ましいタイミングといわれている。

3．製品ライフサイクルと顧客タイプ

　新製品や新サービスが市場に導入され衰退していく流れを説明した製品ライフサイクルにおいて，顧客タイプを大きく4つに分類できる。この分類は，アメリカの社会学者エベレット・ロジャース（Rogers, E. M.）が新製品や新サー

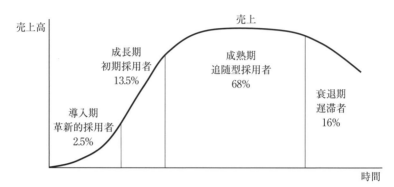

図表 3 - 4　製品ライフサイクルと顧客タイプ

出所）嶋口・和田・池尾・余田（2004：69）

ビスが市場に浸透し普及していく過程を説明した「イノベーター理論」（1962）
に基づいたもので，消費者がどの時期に製品・サービスを購入するのかを製品
ライフサイクルのステージに合わせると以下のように説明できる。

(1)　**革新的採用者（イノベーター Innovators）**

　新製品や新サービスが市場に導入されると直ぐに購入する顧客で，オピニオ
ンリーダーとなる。実用性やコストパフォーマンスなどはあまり考えず「目新
しさ」「おもしろさ」が大好きで，新しい技術やアイデアを積極的に採用する
顧客タイプで市場の2.5%を占める。

(2)　**初期採用者（アーリーアダプター Early Adopters）**

　新製品や新サービスが市場に浸透する早い段階で購入する顧客で，好奇心や
流行に敏感で，オピニオンリーダーともいわれる13.5%の顧客タイプ。

(3)　**追随型採用者（マジョリティ Majority）**

　市場の68%を構成する最大の顧客群で，34%の前期追随者（アーリーマジョ
リティ early majority）と34%の後期追随者（レイトマジョリティ late majority）
に細分できる。追随型採用者は基本的に新たな技術や新製品・新サービスに慎
重な姿勢で，新技術よりは利便性や手ごろな価格などの実用性を重視するため，
製品やサービスが市場に普及しながら改善されたり，価格が安くなることを
待って購入するタイプである。

⑷　**遅滞者**（ラガード Laggards）

　流行や新しい技術などに関心がなく，あまり変化を好まないため，市場に新たな製品やサービスが定着しても採用したがらない傾向が強い最も保守的な顧客タイプで，市場の16%を占める。

4．製品ライフサイクルとマーケティング課題

　市場環境に応じて企業が取るべきマーケティング戦略は異なる。したがって，製品ライフサイクルのステージごとに達成しなければならないマーケティング目標も異なるため，それぞれ有効なマーケティング手法も変わってくる。

　導入期には，製品やサービスが市場に導入されたばかりであまり認知されず，市場の規模も小さいが，競争者もなくほぼ独占的な状態である。したがって，製品の認知が何より重要なマーケティング目標となる。製品やサービスを知ってもらうためには，広告とパブリシティが費用対効果は高いが，流通業者への推奨による製品認知やサンプルを配布するなど認知を促進させるための大規模な販売促進が欠かせない。したがって，戦力になるような流通業者を選び自社の製品やサービスをプッシュしてもらう選択的流通が効率的である。また，価格戦略においては，コストにマージンを上乗せしたコストプラス方式の価格設定をとることで，製品・サービスの開発および導入にかかったコストの回収が可能になる。

　成長期には，市場浸透価格を設定し早い段階で普及させると，売上げが急速に伸びる。しかし，競合他社も増えるため，寡占的競争となる。したがって，製品に付随するサービスや保証の拡大や製品拡張を行い，製品・サービスの充実さのアピールなど差別化に努力しなければならない。さらに，消費者が製品・サービスに容易にアクセスできるように開放的な流通チャネルを整えることと，マス広告を活用し指名買いを促進させるプール戦略への切り替えが有効である。

　成熟期には，ほとんどの消費者が製品やサービスを経験し，さらなるシェアの拡大は期待できない。しかし，競合他社はさらに増え，競合間でシェアの奪

	導入期	成長期	成熟期	衰退期
マーケティング目標	製品認知	シェア最大化	シェア維持・利益最大化	生産性確保
マーケティング支出	高　い	高　い	低下中	低　い
製品戦略	基本製品提供	製品拡張・サービス提供	差別化	ライン縮小
価格戦略	コストプラス	市場浸透価格	競争に基づく価格	値下げ
流通戦略	選択的流通	開放的流通	より進んだ開放的流通	選択／限定
プロモーション戦略	大規模な販売促進	マス市場へのアプローチ	ブランド強調	縮　小

図表3－5　製品ライフサイクルとマーケティング課題

い合いが激しくなる時期である。競争に基づく価格戦略やスイッチングコストを低下させ競合他社の顧客を吸い上げるなどの努力が必要となる。また，ブランドロイヤルティの高い顧客にブランドのベネフィットを強調するプロモーションを行うことで，既存のシェアを維持する努力も必要である。

　衰退期には，売上げと収益がともに減少する時期で，収益性が低い流通チャネルを整理したり，生産拡張した製品ラインの中で弱いモデルを除去するなど，生産性を高め全体的にコストを削減しなければならない。

5．産業ライフサイクル（ILC：Industry Life Cycle）

　製品に寿命があることを説明してきたが，産業も同じく寿命がある。産業が導入され成長して衰退するまでのサイクルを「産業ライフサイクル」という。新技術や多様な市場ニーズによって生み出された製品やサービスが市場に導入され一定規模に成長することで産業のライフサイクルは始まる。つまり，産業ライフサイクルも基本的には製品ライフサイクルと同じく，導入期，成長期，成熟期，衰退期をたどる。

　各ステージに当てはまる産業をみると，例えば，導入期にはAIやロボット，

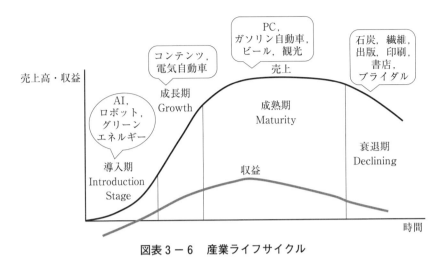

図表 3 － 6　産業ライフサイクル

グリーンエネルギー産業などが，成長期にはコンテンツや電気自動車産業など
が，成熟期にはパーソナルコンピューターやガソリン自動車，ビール，観光産
業などが，衰退期には石炭や繊維，出版，印刷，書店，ブライダル産業などが
あげられる。

　そして，新たな用途が出るたびにブレイクされる産業もある。例えば，ナイ
ロンの売り上げは，パラシュート，靴下，シャツ，カーペットなど新しい用途
が出るたびにブレイクしている。

　我々が経済を理解するためには，産業の成長や衰退というこのサイクルの理
解が必要とされる。

▶▶▶ 第 2 節　経営とマーケティング ◀◀◀

1．企業を取り巻く内部・外部環境

　企業の経営において，企業を取り巻く環境分析は，企業マーケティング活動
の方向を決定する第一歩である。経営における環境は大きく企業の「内部環境」
と「外部環境」に分けられる。

　まず「内部環境」とは，自社が持つヒト・モノ・カネ・情報など自社の経営

資源の他，自社の業績やブランド・イメージ，技術力，社内体制など，企業が
コントロールできる環境である。したがって，企業の内部環境を分析すること
で，自社がおかれている現状が明確になり，自社の強みと弱みを踏まえた，戦
略的なマーケティング策定が可能になる。

　次に「外部環境」とは，政治，経済，文化，社会，技術，自然環境，消費者
の動向，競争企業の動向，流通市場の様態，政府等による規制など，自社の外
側にある環境で，基本的にコントロールすることが難しいとされる。外部環境
はさらに，ミクロ環境とマクロ環境という2つの視点で分類できる。

　上述した，国の政治，経済，文化，社会，技術，自然環境などは，企業の経
営に間接的に影響を与える要因として，マクロ環境に分類される。マクロ環境
は一般的に一企業の力でコントロールできない要因とされる。また，消費者の
動向，競争企業の動向，流通市場の様態，政府等による規制などは，企業の経
営に直接的に影響を与える要因としてミクロ環境に分類される。ミクロ環境は，
企業にとって短期的にはコントロールできないが，長期的には企業の努力に
よって徐々に変化させられる要因とされる。

　企業の外部環境分析は，コントロールを目的とするのではなく，情報収集お
よび分析によって，新たなビジネス機会の発見および今後にもたらされる脅威
への対応を目的とする。

2．3C分析

　「3C分析」とは，企業のマーケティングにおいて，顧客（Customer）・競合
（Competitor）・自社（Company）という3つの視点から市場環境を分析し競争
優位性の確認および経営戦略上の課題を導く分析ツールである。

　まず，顧客（Customer）分析においては，既存顧客と潜在顧客を対象とし，
市場の規模や成長性・収益性の他，顧客のニーズ，購買決定プロセス，購買決
定要因などを分析する。

　つぎに，競合（Competitor）分析においては，競合相手を明確にした上で，
競合相手の数および質といった寡占度の分析やどのような市場参入障壁がある

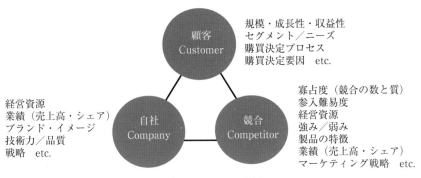

顧客
Customer

規模・成長性・収益性
セグメント／ニーズ
購買決定プロセス
購買決定要因　etc.

経営資源
業績（売上高・シェア）
ブランド・イメージ
技術力／品質
戦略　etc.

自社
Company

競合
Competitor

寡占度（競合の数と質）
参入難易度
経営資源
強み／弱み
製品の特徴
業績（売上高・シェア）
マーケティング戦略　etc.

図表 3 − 7　　3C 分析

出所）池上（2007：43）を加筆修正して作成

のか，競合相手の経営資源，強みと弱みなどを分析する。

　そして，自社（Company）分析においては，ヒト・モノ・カネ・情報といっ
た自社の経営資源を含め，売り上げやシェアといった業績，ブランド・イメー
ジなどを分析する。

　自社という内部環境の分析はもちろん，顧客と競合という外部環境を分析す
ることで，競争に勝ち抜く成功戦略が策定可能になる。また，代理店が重要な
業界では，チャネル（Channel）を加え，4C 分析が行われる。

3．SWOT 分析

　SWOT（スワット）分析とは，企業がマーケティング戦略を策定する際に用
いる内部・外部の環境分析ツールとして，「強み（Strength)」「弱み（Weakness)」
「機会（Opportunity)」「脅威（Threat)」の頭文字をとったものである。企業の
内部環境として自社の強みと弱み，外部環境として市場の機会と脅威を見つけ
出し，強みは活かし弱みは補い，機会は活用し脅威は抑制するマーケティング
戦略策定の基本となる。

　図表 3 − 8 のように縦軸を「内部環境／外部環境」に，横軸を「好ましい傾
向／好ましくない傾向」の 2 軸に分けてクロスさせると，内部の好ましい傾向
は「強み」，内部の好ましくない傾向は「弱み」，外部の好ましい傾向は「機会」，

図表 3 − 8　SWOT 分析

外部の好ましくない傾向は「脅威」という 4 つに整理できる。

- 「**強み（Strengths）**」とは，自社の内部の好ましい傾向とされるもので，例えば，ブランド力や市場シェア，優秀な人材や資金力などの経営資源，競争上の優位性，知名度や評判など今まで成し遂げてきた成果および今後の目標達成に活用可能な要因である。

- 「**弱み（Weaknesses）**」とは，内部の好ましくない傾向とされ，今まで成し遂げられなかったものや目標達成の障害となる要因である。

- 「**機会（Opportunities）**」とは，外部環境の好ましい傾向とされ，例えば，市場のトレンド，経済状況，政治や法令など自社の今後の目標達成に活用可能なプラス要因である。

- 「**脅威（Threats）**」とは，外部の好ましくない傾向で，競合他社の行為や技術変化など，目標達成の障害となる要因である。

　図表 3 − 9 は，具体的な例として「スターバックス」の SWOT を取り上げたが，このように 4 つの要因を整理し「強みをどのように活かすか」「弱みをどうやって克服するか」「どのように機会を利用するか」「どのように脅威から身を守るか」を問いかけ，次にマーケティング戦略を導き出す。SWOT 分析による 4 つのマーケティング戦略は，

- 「強み」×「機会」：強みを活かし機会を最大限活用する攻撃的戦略

- 「強み」×「脅威」：強みを活かし脅威を最小限にする多角化戦略

- 「弱み」×「機会」：弱みを強みに転換するために外部の環境を活用する局面

Strengths（強み）	Weaknesses（弱み）
• 自社の強みや長所 • 競合他社と比べ優れていること • 得意な点 　例）• 高いブランド力 　　　• 高い調達能力 　　　• 1,600店を超える日本1位の店舗数 　　　• 居心地よい空間	• 自社の弱みや短所 • 競合他社と比べ劣っていること • 苦手な点 　例）• 商品単価の高さ 　　　• 直営店体制による管理費の高さ 　　　• 店舗の混雑さ
Opportunities（機会）	Threats（脅威）
• 自社にとって活用可能な機会・環境 • 業界や市場の有利な条件 　例）• デフレ脱却 　　　• 女性の社会進出 　　　• Specialty Coffee 市場の拡大 　　　• 中国市場の可能性	• 自社にとって危険・脅威になる外部環境 • 業界や市場の不利・負担になる要因 　例）• 競合の激化 　　　• コーヒー業界の成熟化や飽和状態 　　　• 不安定なコーヒー豆の価格

図表3－9　スターバックスのSWOT分析

転換戦略

• 「弱み」×「脅威」：弱みと脅威による最悪の事態を回避するために，効率性の再考察や事業の再設計など，防御的戦略

　SWOT分析は，このように様々な角度から企業の現状を把握し，今後のマーケティング戦略策定に役立てる環境分析ツールであるが，その活用範囲は広く，地域や組織の分析，そして個人の力量を外部環境と関連づけキャリアをデザインする際にも活用される。

4．マーケティング近視眼・遠視眼

　「マーケティング近視眼（marketing Myopia　マイオピア）」とは，「企業が自社の事業や商品を狭く定義することの弊害」を意味する。一般的に遠いところが見えない場合を「近視」というのと同じく，マーケティングにおいても，企業が自社の事業や商品をその機能のみに着目してしまい狭く定義してしまうなど狭い視野を持っている場合をマーケティング近視眼という。マーケティング近視眼に陥ると，競合や環境変化に対応できなくなる。この概念は，ハーバー

ド・ビジネス・スクールの名誉教授のセオドア・レビット（Levitt, T.）が1960年にハーバード・ビジネス・レビューに発表したもので，レビットは，「顧客は商品を買うのではなく，その商品が提供するベネフィットを購入している」と主張する。例えば，日傘を提供する会社が自社の製品を日焼け対策という機能として定義した場合と，女性たちのファッションアイテムとして定義した場合には，その製品戦略や競合相手の範囲が変わるだろう。

　マーケティング近視眼の代表的な例を紹介すると，アメリカの鉄道会社の場合，事業を「鉄道事業」と定義し，鉄道事業だけに専念していたが，後に飛行機や自動車などの発達により衰退を余儀なくされた。そこで，利用客の多くが「鉄道を乗ること」ではなく「目的地に行くこと」が鉄道利用のニーズであることに気づき，「輸送事業」と定義したとしたら，長距離バスやレンタカー，または駅から住宅地につなげるバスの市場拡大につながっただろう。

　このように，マーケティング近視眼は，顧客のニーズではなく，提供する製品やサービスの側面だけに焦点を与える際に陥りやすく，未来を予測しないことが主要因とされる。

　したがって，マーケティング近視眼に陥らないためには，変化する外部環境を把握し未来を予測することはもちろん，変化を見据えた事業や商品の定義の見直しが必要となる。

　資生堂というと，化粧品を提供する会社という認識が強いため「化粧品事業」と定義されていると思われるが，資生堂は「ビューティーイノベーション」という「美を追求する事業」と定義している。このように変化を見据えた事業の定義で，マーケティング近視眼に陥ることなく，化粧品だけに留まらず，美容室，サプリメント，レストランなど，美しさを追求する様々な事業を拡大している。

　しかし，マーケティング近視眼を避けるために，事業の定義を広く，遠く捉えると，逆に「マーケティング遠視眼」に陥るリスクもある。「マーケティング遠視眼」とは，「企業が自社の事業や商品を広く（遠く）定義することの弊害」のことで，事業を広く，遠く捉えすぎると，事業の拡大志向に歯止めがかから

なくなり，収益を得るまでに時間がかかる反面，投資額の増大により，収益性の悪化および資金面で余裕が乏しくなる。

　1960年代の GE 社は，マーケティング近視眼を避けるために，事業の定義を見直し，電線事業部を建設資材事業部に，メーター機器事業部を計測機器事業部に，制御機器事業部をオートメーション機器事業部になど広い事業に改革したが，投資が膨らみ資金繰りが困難に陥った。

　したがって，企業が自社の事業をどのように定義するのかは，狭すぎても，広すぎてもリスクがある。顧客が本当に求めているものは何か，それに対し自社が提供できる価値は何かを明確にした上で未来を予測した事業定義を行わなければならない。

5．製品ポートフォリオ管理（PPM：Product Portfolio Management）

　製品ライフサイクルで説明したように，製品が市場に導入され成長すると競争の激化のなかでいずれ成長が低下し成熟期を経て衰退期に至る。このような環境の中で，企業はできる限り製品の寿命を長く維持させようと工夫するが，それだけでなく，自社の成長を維持させるために複数の事業や製品を市場に導入させ，多角化戦略を展開する。多角化を繰り返し，事業や製品の数が増えると，それぞれの事業や製品の間で期待される役割が異なるし，限りある経営資源をどのように配分するかも変わってくる。

　そこで，複数の事業や製品を有する企業において，どのように経営資源を分配するかを検討するための分析手段として「製品（事業）ポートフォリオ管理」がよく用いられる。製品ポートフォリオ管理とは，ボストン・コンサルティング・グループ（Boston Consulting Group）が経営資源の分配を最適化することを目的として1970年代に開発したマネジメント手法である。図表3－10のように，市場の将来性を表す「市場の成長率」を縦軸に，自社の市場での相対的地位を表す「市場シェア」を横軸にして分類すると4つのポジションに分類でき，以下のような特徴を持つ。

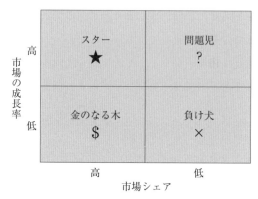

図表3－10　製品ポートフォリオ管理

(1)　「スター（花形 Star）」：市場成長率も市場シェアも両方高い

　市場の成長率が高いため新規参入も多く競争も激しい。そのため多額の投資を必要とする反面，市場シェアも高いため利益率も高い。つまり，資金の流出も流入も多く，活気のある事業で，将来の発展可能性が高い。別名「花形」ともいうスターは，製品ライフサイクルの「成長期」に位置するもので，順調にいけばいずれ「金のなる木」の事業や製品群となる。

(2)　「金のなる木（Cash cow）」：市場成長率は低いが市場シェアが高い

　市場の成長率が低いため，競争状況も和らぎ多額の投資をする必要はないが，市場シェアが高いため，利益率は高い。つまり，資金の流出は少なく，流入が多いため，この事業や製品群では多額の余剰資金が生じる。会社の中では資金が不足している他の事業や製品の資金供給源になる。製品ライフサイクルの「成熟期」に位置するもので，いずれ衰退期に入ると特別な変数がない限りいずれ「負け犬」群になる可能性が高い。

(3)　「問題児（Question mark）」：市場成長率は高いが市場シェアが低い

　市場成長率が高いため，多額の投資を必要とする反面，市場シェアは低いため，利益率が低い。つまり，資金の流出は多く，流入は少ないため，資金バランスの悪い事業や製品である。今後「スター」と「負け犬」のどちらに転ぶかわからないため，思い切った多額の投資で市場シェアの拡大を狙うか，または

撤退し赤字の累積を防ぐとともに，従来の投資資金を別の事業や製品に回すか，という対照的な2つの選択を迫られる。

(4)　「負け犬（Dog）」：市場成長率も市場シェアも両方低い

市場成長率も市場シェアも低いため，多額の投資も必要でなく，利益率も低い。つまり，資金の流出も流入も少ないため，敗退を余儀なくされた事業や製品である。

さらに上述した4つのポジション「スター」「金のなる木」「問題児」「負け犬」は，それぞれミッションが与えられる。例えば「スター」は，次世代資金供給源になるために，「成長」を成し遂げなければならないし，「金のなる木」は，豊かな余剰資金を持って資金投入が必要とされる他の事業や製品群への「資金供給」という役割を果たせなければならない。そして「問題児」は，成長する可能性もあれば，成長できず「負け犬」になる場合もあるため，成長の場合には「次世代のスター」を目指さなければならないし，成長が見込めない場合や「負け犬」の場合には，与えられていた資金を他の事業や製品に移転させなければならないというミッションが与えられる。

このように，製品ポートフォリオ管理により事業や製品の自社内でのポジションとミッションが明らかになると，それぞれのミッションを実現させるためのマーケティング基本戦略も明確になる。

つまり，製品ポートフォリオ管理は，全社的な資源配分による適正な資金管

事業や製品群	目的	ミッション	基本戦略
「スター」	市場シェア	成長 (次世代資金供給)	シェア獲得
「金のなる木」	事業利益	資金供給	シェア獲得 シェア刈り取り
「問題児」	成長／撤退	成長：次世代スター 撤退：資金移転	シェア獲得 シェア刈り取り
「負け犬」	撤退	余剰資金の移転	シェア刈り取り

図表3－11　PPM 各ポジションにおける目的・ミッション・基本戦略
出所）石井・嶋口・栗木・余田（2004：164）

理はもちろん，事業や製品ごとの目標の明確化により長期の課題と短期の課題を調和させ，成長を図るための手法である。

【引用・参考文献】

Kotler, P. & Keller, K. L.(2006) *Marketing Management,* 12th ed., Prentice-Hall.（恩蔵直人監修［2008］『コトラー＆ケラーのマーケティング・マネジメント』ピアソン・エデュケーション）

池尾恭一・青木幸弘・南知惠子・井上哲浩（2010）『マーケティング（New Liberal Arts Selection)』有斐閣

池上重輔（2007）『マーケティングの実践教科書（実務入門)』日本能率協会マネジメントセンター

石井淳蔵・嶋口充輝・栗木契・余田拓郎（2004）『ゼミナール　マーケティング入門』日本経済新聞出版社

小川孔輔（2009）『マネジメント・テキスト　マーケティング入門』日本経済新聞出版社

嶋口充輝・和田充夫・池尾恭一・余田拓郎（2004）『ビジネススクールテキスト　マーケティング戦略』有斐閣

和田充夫・恩蔵直人・三浦俊彦（2006）『マーケティング戦略　第3版』（有斐閣アルマ）有斐閣

【レビュー・アンド・トライ・クエスチョンズ】
- 製品ライフサイクルを参考にしながら，どのような製品・サービスが各ステージに該当するのか考えてみましょう。
- 興味のある企業を取り上げて SWOT 分析を行ってみましょう。

いっそうの学習を進めるために

マーケティング知識を深めるために，以下の文献の講読をお勧めする。

石井淳蔵・嶋口充輝・栗木契・余田拓郎（2013）『ゼミナール　マーケティング入門　第2版』日本経済新聞出版社

小川孔輔（2009）『マネジメント・テキスト　マーケティング入門』日本経済新聞出版社

第4章　消費者行動の理解

●**本章のポイント**●

　本章では，消費者の購買行動の全体像を理解することを目的とする。消費者行動の理解においては，社会的・心理的理解が不可欠である。

　消費者行動を学ぶ理由は大きく2つある。ひとつは，マーケティングの実践において，消費者の行動様式を理解することが重要だからである。消費者の価値観やニーズ，行動やライフスタイルを知ることなしにマーケティングを行うことはできない。もうひとつの理由は，現代の消費社会において，私たち自身が「消費者」として日常的に消費活動（購入・使用・廃棄）を行っており，私たち自身がよりよい消費者であるためにも消費者行動を深く理解することが不可欠なのである。

Keyword

購買意思決定プロセス，関与水準，複雑な意思決定，簡略型意思決定理論，ヒューリスティクス，効果の階層モデル，認知的不協和の理論

▶▶▶ 第1節　消費者意思決定プロセス ◀◀◀

　消費者の購買意思決定では，まず，①「問題」の認識が行われ，次に，② 問題解決に向けた「目標」が設定され，③ その目標に従って，問題を「解決」していくことになる。これらを過程（プロセス）として把握することが重要である。つまり，消費者の購買意思決定のプロセスは，消費者が抱える「問題解決」のためのプロセスと言い換えることができる。例えば，私生活で大活躍しているスマートフォンに不具合があるというのは，① 解決すべき「問題」であり，スマートフォンをスムーズに使用できるようにすることが，② 問題解決に向けた「目標」であり，その目標を達成するために，③ スマートフォン

を修理する，あるいは新しい機種に買い替えるという「解決」のための選択が行われる。これらの過程（プロセス）を経ることによって消費者の「問題解決」が図られることになる。

1．消費者行動モデル

　消費者意思決定プロセスの一般的なモデルを用いて，消費者の購買行動の基本的なステップを理解していこう（図表4－1）。

(1)　問題の認識

　私たちは，日頃，理想と現実のギャップを感じることがあり，その際，理想に近づくための問題を認識し，解決したいと考えるようになる。例えば，現状として喉が渇いているが（現実），手元に飲み物がなく喉を潤す（理想）ことができない（ギャップ）。そこで，コンビニエンスストアや自動販売機に飲み物を購入しにいこうとするような場合である。

(2)　情報の探索

　消費者が問題を解決し，意思決定するために情報を収集するステップである。例えば，飲み物を購入する場合に，商品の選好と品揃え，価格，購入にかかる労力・時間，決済方法の利便性などの情報を分析する。

(3)　代替案の評価

　情報の探索のステップで得られた情報を基に，購買の代替案を考える。また，それらの代替案を，何らかの意思決定基準を用いて評価する。例えば，今日は寒いから体を温めるためにコーヒーのホットを選択する。

　また，近くにコンビニエンスストアがないため，自動販売機で購入しようという評価が行われる。

図表4－1　消費者意思決定プロセスの6つのステップ

⑷　**購買行動**

　実際の購買行動を行う。例えば，商品やサービスの中から，自分の好みのものを選択し，代金を支払い購入する。

⑸　**購買後評価**

　消費者は，購買後に商品やサービスを使用し，満足あるいは不満足の評価を行う。選択した代替案に対して再評価を行う場合もある。例えば，購入した商品やサービスに関する評価を家族や友人に話をしたり，SNS に書き込みしたりする。

⑹　**廃棄行動**

　商品を使用した後，廃棄処分される。商品によっては，容器などがリユースやリサイクルされる場合もある。

　以上のように消費者の購買意思決定プロセスは，消費者が商品やサービスを購買・使用する意思決定を行う上で通過することになる一連のプロセスであると定義できる。

２．購買意思決定に関する影響要因

　前項でみたように消費者の購買意思決定には一定のプロセス（図表 4 - 1 ）があるものの，すべての消費者が同じように意思決定するわけではなく，実際には様々な要因の影響を受けて意思決定を行う。例えば，企業側が行うマーケティング戦略（例えば，商品の機能・デザインや価格）の影響を受けながら，消費者は購買意思決定を行う。

　一方，消費者側の影響要因について考えてみると以下のような 3 つの影響要因を指摘できる。

⑴　**個人的影響**

　性別・年齢・職業などのデモグラフィック（性別・年齢・職業などの人間の基本的属性）やライフスタイル，消費者個人の性格や価値観に影響を受けながら消費者の意思決定は変化する。また，消費者の有する金銭や情報処理の能力などの個人的な資源，動機や知識などの影響も受ける。

(2)　環境的影響

　文化（例：消費者が使用するコミュニケーションのスタイル）や消費者が帰属する社会的階層（例：学生），他者からの個人的影響（例：コミュニティからの圧力）などがある。

(3)　心理的影響

　情報がどのように心理内で処理されるのかによって意思決定が変化していく。また，これまでの消費経験による学習によっても購買行動が変化する（例：前回のバーゲンセールでは予算を使いすぎたので，今回は我慢する。ランチにカレーが続いたので今日はパスタにする）。

3．消費者行動のプロセス・モデル

　マーケティング活動の中でも，企業が消費者とコミュニケーションを行うタイミングを検討する際には，消費者の購買行動の段階（ステップ）を理解することが重要である。

(1)　AIDA モデル

　消費者が，ある製品のことを知ってからそれを購入するまでに至る心理的状況を説明するモデルとして最初に提唱されたのが AIDA モデルと呼ばれる 4 段階モデルである。まず，広告や店頭で消費者の「注意（Attention）」を商品やサービスに向かわせ，その上で何らかの「関心（Interest）」を抱かせ，その商品やサービスを欲しいという「欲求（Desire）」を持たせ，実際に購入するという「行動（Action）」に至るまでのプロセスを説明するモデルである（図表4 - 2）。

　AIDA モデルのように，消費者の購買行動を段階的にモデル化したものは，

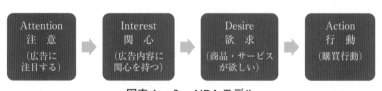

図表4 - 2　AIDA モデル

消費者の購買の妨げになる心理的要因を発見する際に役立つ。消費者の4つの心理段階を分析し，それぞれのフェイズをクリアするマーケティング・コミュニケーション戦略を練るのがマーケター（マーケティング担当者）の役割である。

(2)　AIDMA モデル

AIDA モデルを発展させたのが AIDMA モデルである。AIDA モデルと同様に，まず，広告や店頭で消費者の「注意（Attention）」を商品やサービスに向かわせ，何らかの「関心（Interest）」を抱かせ，その商品やサービスを欲しいという「欲求（Desire）」を持たせるという段階までは同じである。しかし，その欲求の気持ちを持続，すなわち「記憶」（Memory）させた上で，購入「行動（Action）」に結びつけるというプロセスがこのモデルの特徴となっている（図表4－3）。

図表4－3　AIDMA モデル

AIDMA モデルは，商品・サービスを消費者の記憶に残し，中長期的な購買行動につなげる手法であり，短期間で購買行動につなげようとする AIDA モデルに対し，即座に消費者が購買行動に至らなくても，まずは消費者の記憶の中に製品の存在や情報をインプットすることを重視する考え方である。そのため，企業は，コミュニケーション上で，製品に紐づく印象的なキャッチコピーやテーマソングなどを中長期的に用いることもある。

(3)　AISAS モデル

特にインターネットの普及に伴う流通チャネルや消費者の購買行動の変化に合わせ広告大手代理店の電通によって提唱された代表的なモデルである。AIDMA モデルから欲求（Desire）と記憶（Memory）の段階が省かれ，注意（Attention），関心（Interest），検索（Search），行動（Action），共有（Share）の5つの段階で構成されるモデルである（図表4－4）。消費者の記憶に強く印

図表4－4　AISAS モデル

象づけようとする段階を含まず，その代わりに，消費者がインターネットでス
ピーディーに情報を獲得する「検索」，および，購買行動の後に，ソーシャル
メディアでの情報の「共有」により，消費者自らによる告知・宣伝が期待され
るのがその特徴である。例えば，消費者がテレビの情報番組で，ある商品の存
在を知り，ヤフーやグーグルの検索サイトで検索し，アマゾンや楽天のサイト
で製品のスペックや価格，ユーザーのレビューを見て購入を決め購買行動に至
る。そして，購入後の満足度や使用体験をソーシャルメディアで他の消費者と
シェアするといった流れである。

　AISAS モデルには，関心を持った商品やサービスをインターネットで「検索」
し，「購入」した後にクチコミサイトやSNS などで評価を「共有」するという
インターネットを用いた購買特有の情報接触行動が組み込まれている。

(4)　SIPS モデル

　AISAS モデルを考案した電通がソーシャルメディアの普及状態を踏まえ，
新しく提唱したのが「SIPS」モデルである。マスメディア（TV，新聞，ラジオ，
雑誌）を通さない情報の伝わり方が想定されている。

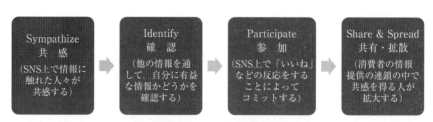

図表4－5　SIPS モデル

▶▶▶ 第 2 節　消費者関与 ◀◀◀

1．関　与

　消費者の購買意思決定プロセスは，個人的要因や個々の置かれた状況によっても異なってくる。このような購買状況の違いを基に消費者行動をより詳しく分類するために「関与（involvement）」という概念が用いられる。関与とは，ある製品やサービスに対し消費者が持つかかわり合い（思い入れ・こだわり・関心）の程度を指す概念である。

　例えば，製品関与は特定の製品に対する消費者の関心のことである。住宅・自動車・ファッション製品などの買回品は消費者の製品関与が強く，電池・蛍光灯・トイレットペーパーなどの最寄品に対する製品関与は一般的に低い。

　この関与の度合いが高いか，低いかにより，消費者の意思決定方法も変わってくる。

(1)　高関与

　購買される商品やサービスが消費者にとって，個人的に高度に重要な意味を持っていたり，自己表現に欠かせない場合である。慎重な意思決定が行われたり，ブランド・ロイヤルティ（消費者の特定ブランドへの忠誠心）が示される。

(2)　低関与

　購買される商品やサービスが消費者にとって，個人的な重要性を持っておらず，ブランドの比較や意思決定は，購買の時点で衝動的に行われたり，惰性的に特定のブランドが継続的に選択される場合である。

2．関与に基づく購買意思決定のタイプ

　この「関与」概念を軸にして，アメリカの消費者行動学者のH．アゼールは，製品のタイプによって消費者の購買行動が異なるとし，「関与水準（消費者と製品の関わり合いの程度）」の高・低と「ブランド間の知覚差異」の大・小という2つの軸を用い，4つのタイプに製品を分類した（図表4－6）。消費者が製品に重要性を感じていたり，こだわりや思い入れを持っていたりする場合に「関

関与水準 ブランド間の知覚差異	高関与型 購買意思決定	低関与型 購買意思決定
意思決定型 （情報探索を広範に行い，ブランド代替案を検討する）	(1)複雑な意思決定	(3)衝動買い
慣習型 （情報探索はほとんどしない，ブランドを絞り込んで選択する）	(2)ブランド・ロイヤルティ	(4)惰性

図表4－6　関与に基づく購買意思決定の4分類

出所）Assael（1984：127）を一部改変

与水準」は高くなる。また，「ブランド間の知覚差異」とは，消費者がそのカテゴリー内のブランドの違いを知覚できる程度のことである。アゼールは，製品を以下の4タイプに分類し，それぞれに適したマーケティングが効率を高めると説明した（図表4－6）。

(1)　複雑な意思決定

　消費者の関与の程度が高く，慎重な意思決定プロセスを必要とする場合である。例えば，自動車の購買意思決定は，広範囲にわたる情報探索（ガソリン，クリーンディーゼル，HV，PHV，EV，FCV）と複雑なブランド評価（国産車・輸入車の各メーカーや車種）を含むものである。前節で説明した6つのステップ（図表4－1）に区分した消費者行動モデルがこのタイプの意思決定である。

(2)　ブランド・ロイヤルティ

　消費者の関与水準は高いが，複雑な意思決定のプロセス（図表4－1）はみられない場合である。例えば，化粧品やたばこなどは，定期的に購買されている消費者にとって高関与度の製品である。これらの製品の購買の選択は，最初は複雑な意思決定プロセスを経て行われる場合が多いが，購買が反復されていくにつれて，特定のブランドに高い評価基準が与えられ，以後はそのブランドが継続的に選択されていく傾向がある。

(3)　衝動買い

　ブランドごとに十分に差別化されているが，広範囲での情報探索を伴った選

択を行うほどの重要な製品ではない。例えば，家電製品の購買決定は店舗内で
衝動的になされ，ブランドの比較はその場で直接行われる。購買前評価よりも
購買後評価に比重が置かれる。関与水準が低く，消費者は長期にわたって同一
ブランドを購入し続けることはほとんどない。

⑷　惰　性

　単に惰性的に同一ブランドの購入を続ける場合の購買行動である。惰性によ
る購買の場合，消費者がブランドの選択に時間を費やしたり，代替製品の探索の
ための労力コストを望まないような購買行動である。惰性によって購買される
製品は，製品の差別化が明確でない場合が多い。例えば，洗剤や調味料，ティッ
シュペーパーなどの最寄品である。この場合も消費者は長期にわたって同一の
ブランドを購入する可能性は少ない。

3．簡略型意思決定理論

　これまで説明してきたように，消費者は購買を行うたびに複雑な意思決定プ
ロセス（図表 4 - 1 ）を必ず経ているわけではない。最寄品であれば，そのプ
ロセスを簡素化し，時間やコストを節約しようとする。このような簡略型の意
思決定プロセスのひとつが，「ヒューリスティクス（heuristics）」である。ヒュー
リスティクスとは，一般に「迅速な決定へと導く心理的な経験則」と定義され
る。ヒューリスティクスに関する代表的方法を以下に説明していく。

⑴　探索ヒューリスティクス

　目標を達成するための情報を入手する単純な手続きのことである。消費者は，
商品を購入する際に特定の店舗や情報源を信頼し，利活用する傾向がある。例
えば，近所で買い物をする際には特定のスーパーマーケットやコンビニエンス
ストアをよく利用したり，インターネットを用いた購買行動では，アマゾンや
楽天のサイトで商品のラインナップや価格帯，クチコミ評価を検索する。これ
らの購買行動は意思決定を簡略化させる。

⑵　評価ヒューリスティクス

　消費者が抱えている問題を解決しようとする際に，達成すべき目標を明確に

し，それを評価していく単純な手続きである。例えば，健康志向の消費者は，商品の選択時に原材料表示を重視し，原材料の産地や塩分濃度や人工調味料の含有量などの程度に注目しながら選択を行う。その結果，健康志向の商品だけが選択の対象となり，購買の意思決定は簡略化される。

(3)　選択ヒューリスティクス

特定の商品を選択するために評価手段を事前決定しておく単純な手続きである。例えば，過去に購入歴のある商品であり，かつ満足度の高かった商品であれば再購入する。初めて購入する商品であれば，クチコミサイトの評価などを参考にして，購買意思決定を行う。探索や意思決定の労力や時間コストを軽減することができ，購買の意思決定は簡略化される。

▶▶▶ 第3節　態　　度 ◀◀◀

消費者の購買行動における「態度（attitude）」とは，製品・サービス・ブランド・企業といった一定の対象あるいはアイデアに対して，一貫した方法で知覚したり行動するように学習された傾向である。態度には，① 認知，② 感情，③ 行動という3つの構成要素がある。

まず，① 認知は，消費者が対象について真実であると信じることである。次に，② 感情は，消費者が対象物に対し，どのように感じるのかを表す。最後に，③ 行動は消費者が対象について行動を起こす意図を表す。この3つの構成要素によって「態度」が形成される。つまり，① この商品の品質の良さは「真実だ」と認知し，② この商品は「いいものだ」と感じ，③「買いたい」と思うことで消費者の「態度」が形作られるのである。

1．効果の階層モデル

態度の3要素は，消費者の関与の状況によって，形成の順番が変化する。この点は，効果の階層モデルとして，(1)効果の標準的学習階層，(2)効果の低関与階層，(3)効果の経験階層に分類することができる（図表4−7）。

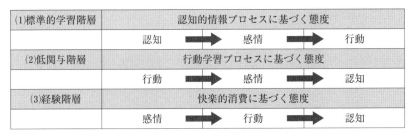

図表4－7　効果の階層モデル

出所）ソロモン（2015）を一部改変

(1)　効果の標準的学習階層

「認知」⇒「感情」⇒「行動」のプロセスで態度を形成する。これは，製品やブランドへの消費者の製品関与などが高い場合である。製品選択の際に消費者は多くの情報を探索し，購買代替案を比較し，慎重に意思決定するという問題解決プロセスによって対処する。消費者は，まず，対象商品に対する知識を蓄え，「認知」を形成する。その際，好感の持てる特性（「感情」）を提供する対象を購入するという「行動」をとるのである。例えば，リクルートスーツが欲しい場合に，インターネットで情報を検索して情報を収集し，好印象のデザイン・素材・価格の商品を見つけ，店舗にてサイズ合わせを行って購買に至るような場合である。

(2)　効果の低関与階層

「行動」⇒「感情」⇒「認知」というプロセスで態度を形成する。これは，製品やブランドへの消費者の製品関与などが低い場合である。消費者は，最初から特定の製品・ブランドを好むのではなく，まず限られた知識に基づいて「行動」し，単純な刺激と反応の結びつき（「感情」）によって購入後に対象商品を評価（「認知」）する。消費者は，メーカーから提供された詳細な情報を吟味することなく，「オススメ！」「売れています」などのPOPなどを見て単純な刺激によって購入する。例えば，お昼休みにランチを食べに行って「店長オススメの日替わりランチ」のPOPを見て，メニューの内容を十分に吟味せずにオーダーしてしまうような場合である。

(3)　効果の経験階層

　「感情」⇒「行動」⇒「認知」というプロセスで態度を形成する。これは，消費者が感情的な反応によって行動する場合である。製品の機能ではなく，広告イメージやパッケージデザインなどの漠然とした製品属性が，消費者の態度形成に影響を与える。消費者に好印象のタレントを起用した広告やパッケージデザインの目新しさによって期待が高まり（「感情」），購入「行動」を起こす（快楽的消費）。製品の評価（認知）は購入後に行う。したがって，製品関与は低い。例えば，お洒落だから，あるいは新製品だから購入し，満足感を満たすような場合が考えられる。

2．態度変容

　消費者の購買行動をみればわかるように一度形成された態度は容易には変わらない。この一度形成された態度と相反する行動を取らざるを得なくなった場合に消費者はどのように対処するのであろうか。消費者の態度変容に貢献した理論として，アメリカの心理学者レオン・フェスティンガーにより開発された「認知的不協和の理論」がある。

　消費者は，商品を選択する際に複数の選択肢の中からひとつを選択するという作業を行っている。そのことは，最後まで迷っていたいくつかの商品を諦めるという選択も同時に行っていたということになる。このことは，程度の差こ

積極的な態度変容	不協和を低減するための具体的行動
①　行動そのものを変化させる。	購入した商品を使用しない。
②　不協和を生じさせる情報を回避する。	購入しなかった商品の広告を無視したり，購入した商品に対する批判的なクチコミ，評価の低いレビューを閲覧しない。
③　新しい情報を探索する。	購入した商品に対する好意的な情報を収集する。
④　情報の重要度のランク付けを変える。	批判的な情報のウェイトを低くし，好意的な情報のウェイトを高くする。

図表4－8　不協和低減の方法

出所）井上（2018：224）を一部改変

そあれ，選択を行った消費者の心の中に，不愉快な割り切れなさを残してしまう。この不愉快な状態あるいは不安定な状態を消費者は何らかの方法で解消しようとする。このような不愉快な状態あるいは不安定な状態を，フェスティンガーは「不協和（dissonance）」と呼ぶ。そこで，不協和を低減するために，消費者は上記の図表にまとめたような方法で態度変容に積極的に取り組もうとする（図表 4 - 8）。

【引用・参考文献】

Assael, H.（1984）*Consumer Behavior and Marketing Action,* 2nd ed., Boston, Mass.: Kent Pub.

Festinger, L.（1957）*Theory of Cognitive Dissonance,* New impression edition, Stanford University Press.（水沢俊訳〔1965〕『認知的不協和の理論―社会心理学序説』誠信書房）

青木幸弘・新倉貴士・佐々木壮太郎・松下光司（2012）『消費者行動論　マーケティングとブランド構築への応用』有斐閣

井上崇通（2018）『消費者行動論［第 2 版］』同文舘出版

ソロモン，M. R. 著，松井剛監訳，大竹光寿・北村真琴・鈴木智子・西川英彦・朴宰侑・水越康介訳（2015）『ソロモン　消費者行動論』丸善出版

田中洋（2008）『消費者行動論体系』中央経済社

田中洋（2015）『消費者行動論』中央経済社

和田充夫・恩藏直人・三浦俊彦（2016）『マーケティング戦略　第 5 版』（有斐閣アルマ）有斐閣

【レビュー・アンド・トライ・クエスチョンズ】

- 消費者の購買意思決定には，どのような要因が影響を与えるのでしょうか。
- 消費者の購買意思決定には，どのようなモデルがあるのでしょうか。それぞれのモデルの違いや特徴をまとめてみよう。

いっそうの学習を進めるために

消費者行動に関する知識を深めるために，以下の文献の講読をお勧めする。

青木幸弘（2010）『消費者行動の知識』日本経済新聞出版社

松井剛・西川英彦編著（2020）『 1 からの消費者行動　第 2 版』碩学舎

第2部
マーケティング戦略

第5章　製品戦略

●本章のポイント●

　本章では，製品戦略の対象である製品・サービスについて，近年の消費者行動の変化，特にネット・ショッピングへのシフトを踏まえながら，製品・サービスの分類・構成，性能と機能，パッケージの観点から整理し理解する。また，製品・サービスの寿命に関する対策として，リスク・マネジメントの観点から，新製品・サービス開発の重要性を提起し，8段階の開発プロセスを説明する。

Keyword

便益の束，製品・サービスの特性，商品と製品，ネット・ショッピング，コモディティ化

▶▶▶ 第1節　製品・サービス・アイデア ◀◀◀

1．製品とは

　製品戦略は，マーケティング・ミックスにおいて，製品・サービスに関するマーケティング戦略である。製品戦略が対象とする「製品とは，欲求やニーズを満たす目的で市場に提供され，注目，獲得，使用，消費の対象となるすべてのものを指す。(中略) 幅広く定義すると，物的生産物，サービス，イベント，人材, 場所, 組織, アイデア, またこれらをミックスしたものを含んでいる」(コトラー＆アームストロング，2003：344)。そのため，製品戦略においては，① 顧客のニーズや欲求，② 製品・サービスに含まれる有形・無形の様々な要素を介して提供される顧客の便益（ベネフィット），③ 製品・サービスに関連した一連の活動，について検討していく必要がある。したがって，製品・サービス

によっては，顧客層が異なることをはじめ，製品・サービスを通じて提供される便益も異質とならざるを得ないため，戦略的対応については製品の特性を踏まえた上での戦略策定が必定となる。

2．サービス・アイデア

　わが国では，他の先進国と同様，「ペティ＝クラークの法則」が説明するように，第三次産業であるサービス業を経済構造における重心とするサービス経済が進展してきている。消費においては，食料品や日用雑貨などの"生活の量"を維持するために必要な物品の確保のための支出より，旅行や娯楽，情報処理や医療，教育などの"生活の質"を向上させるためのサービスへの支出の比率が顕著に高まっている。また，ライフスタイルの変化にともない，消費スタイルの変化も顕著な変化を遂げてきている。特に，近年のインターネットの普及や高速通信環境の整備を背景として，携帯端末の低価格化と高機能化により，消費者の購買行動は大きく変貌してきている。消費者行動は，実店舗への来店・商品探索・購買から，ネットでの情報収集と仮想店舗での購買，いわゆるネット・ショッピングへとシフトしてきている。それらの消費者行動の変化の主たる要因は，根源的には消費者が追求する利便性や購買・消費活動を通じて実現しようとする顧客価値の変化に他ならない。すなわち，製品を取り巻く種々の環境が変化するにしたがって，製品の購買・提供を通じて追求されるべき顧客の便益が変質してきていると考えられる。このような時代背景を踏まえると，今日の製品戦略においては，製品・サービスの特性を十分に整理し，それら製品やサービスを通じて提供される顧客の便益を見極めていくこと。その上で製品・サービスの提供方法や提供形態，あるいは消費者へのアプローチの適正化を図っていくことが，製品戦略の有効性と効率性を高めていくためには不可避である。

▶▶▶ 第2節　製品・サービスの分類 ◀◀◀

　製品戦略において考慮される製品・サービスについては，それぞれに特性を備えた要素によって構成されており，一様に取り扱うには限界がある。

　例えば，製品については，厳密には"商品"と"製品"の２種類があり，それぞれに異なった特性を持つ。"商品"とは，家電量販店の店頭に並べられた品物のように，販売を主たる目的とした，これ以上加工されない状態の品物である。他方，"製品"とは，自動車や工作機械のように，主として顧客の注文に応じて，原材料を調達して加工・組立の工程を経て加工・製造された品物である。一概に製品として捉えられるとしても，商品と製品とでは，その品物としての状態や扱われ方が異なるため，消費者がそれらの品物に求める要素も異ならざるを得ないであろう。そのため，それらの特性を踏まえたマーケティングの在り方が求められるのも必然である。

　また，サービスについても，同様に提供される目的や方法，形態によって，異なった特性を持つことになる。サービスとは，販売のために他者に提供される一連の活動であり，本質的には無形である。サービスについても目的や提供方法によって，多様な特性がある。例えば，旅行や娯楽，教育や医療のサービスなどは，他者に提供されるサービスそのものが消費者の便益を成す本質的要素であり，一定水準の品質や内容が保証されるものである。他方，製品の販売にあたって提供されるアフター・サービスなどの付随的サービスは，もちろん消費者の便益となる要素ではあるが，製品を通じて提供される本質的な利便性や価値ではなく，副次的・派生的な便益として捉えられる。また，サービスを提供する側，サービスを受ける側との間で，品質や内容の捉え方にある程度の乖離が生じることが前提となる場合もある。このようにサービスにも，提供目的や提供方法，提供形態によって，多様な要素がミックスされたものが含まれている。

　以上のような製品・サービスにみる様々な特性について，いくつかの基準に基づいて分類していく。まずは，製品やサービスには，それらを購買し利用する顧客の属性やどのような目的で購買されたかによって，大きく分けて，消費財と生産財に区別される。

1．消費財

　消費財とは，最終消費者が個人的な消費のために購買する製品のことである。

消費財は，卸売業や小売業，あるいはメーカー直販などのチャネルを通じて，最終消費者に製品が提供される，BtoC（Business to Consumer）のビジネスが一般的である。消費財は消費者の購買行動に基づいて，最寄品・買回品・専門品の3つに分類することができる（保険や献血などの勧誘によるサービスを主とする「非探索品」を含め4つに分類される場合もある）。表5－1は，3つの分類のそれぞれの特性を要約したものである。

2．産業財（生産財）

　産業財（生産財）とは，生産の過程において利用あるいは消費される財であり，その特性から主として企業を顧客として取引される。製造工程への組み入れ方と相対的なコストから，① 材料・部品，② 資本財，③ 備品・対事業所サービス，の3つのグループに分類できる。

　① 材料・部品には，製品を生産・加工するための原材料，統合された製品を構成する要素材料や要素部品などの加工材料・部品がある。これらの多くは，生産者から企業へ販売される BtoB（Business to Business）のビジネスであるため，ブランド力が重視される消費財よりも，むしろ品質や性能，価格，付随的サービスがマーケティングにおける重要な要素となる。

　② 資本財は，購買者の生産活動や業務活動を支援するものであり，装置や付帯設備がある。装置は，建物や固定設備や大型コンピューターなどである。大規模な購入品であり，購買者によって求める仕様が異なることが多いため，注文生産・販売が一般的である。そのため，取引には長期の交渉期間を要し，納品後も運用やメンテナンスなど継続的な支援サービスが提供される。付帯設備としては，移動可能な工場設備や装備，事務設備がある。

　③ 備品・対事業所サービスには，企業の生産活動や事業活動において必要な備品や保守・修繕用品などがあり，対事業所サービスとして，保守・修繕サービスやコンサルティング・サービスがある。前者の備品は，産業財分野における最寄品としての傾向が強く，購買活動にはあまり時間・労力，コストがかけられない。他方，後者の対事業所サービスに関しては，一般的には事業者との

間で契約を結ぶことによって提供されるため，ある程度の取引コストがかけられる（コトラー＆ケビン，2014：463-465）。

3．耐久財・非耐久財

　耐久財とは，長期間にわたって繰り返しの使用に耐える有形財のこと。家電製品や自動車，工作機械などが該当する。耐久財は，ある程度の耐久性を備えていることを前提とするため，専門品としての傾向が強く，売り手には製品に関する一定の保証（ギャランティ・サービス）とアフター・サービスなどの付随的なサービスが求められる。

　他方，非耐久財とは，1回から数回程度の使用で消耗され，短期間で消費される有形財。多頻度で購入されることを前提とするため，最寄品の傾向が強く，買い手が購買行動に時間や労力をかけないで済むように，多岐にわたるチャネルで販売され，手に入れやすい環境を整備されていることが求められる。

▶▶▶ 第 3 節　最寄品・買回品・専門品 ◀◀◀

1．最寄品

　最寄品は，歯ブラシやシャンプーなどの衛生用品，精肉・野菜・鮮魚の生鮮三品や牛乳や豆腐などの日配品，カップ麺などのその他食料品，新聞や雑誌など，が該当する。日常的に消費し購入する傾向が強く，比較的低価格であり，購買頻度の高い商品である。消費者は近隣にあるスーパーやコンビニ，ドラッグストアなど，住居に比較的近接した小売店舗で商品を購入する。そのため，販売チャネルは多岐にわたるが，消費者は，経験的に品質や商品の特徴に精通しているため慣習的に購買し，商品探索に時間・労力をあまりかけない。消費者はまとまった量や顕著に低価格ではない限り計画的な購買をすることがないため，消費者の必要に応じたその都度での小売店舗への来店と購買行動が期待される。小売店では，来店客を確保するための価格訴求が重要となる。そのため，小売店では，販売におけるコストを抑制するためローコスト・オペレーションを追求し，セルフサービスを基本として，定番商品としての品揃えと在庫管

	最寄品	買回品	専門品
購買行動	時間と労力をかけず，慣習的に購入	ある程度の時間と労力をかけて計画的に購入	十分な時間と労力をかけ，慎重に検討し購入
購買頻度	高い	低い	極めて低い
商品価格	低い	比較的高め	極めて高い
主なチャネル	近隣の小売店舗	都心部の繁華街や郊外型大型商業施設に出店・立地する店舗，ネット通販	超広域的に商圏設定された専門店など
プロモーション	販売者による価格訴求と生産者によるマス・プロモーション	販売員によるコンサルティング・セールスや商品に関する情報提供	見込み顧客に絞り込んだ限定的なプロモーション
例	食料品や日用雑貨	衣料品や家具・家電製品，金融サービスなど	車や住宅，イベント・サービスなど

図表5－1　最寄品・買回品・専門品の特徴

理を徹底する。その他，インストア・プロモーションにより，来店客の非計画購買の促進による売上げの増加を図ることが重要となるが，個別の商品のプロモーションに関しては，メーカーを主導とするマス・プロモーションによって実施され，商品の認知度を高めることが効果的となる。

2. 買回品

　買回品は，靴や洋服などの衣料品，家具や家電製品，スマートフォンやパソコン，銀行や保険などの金融サービスやホテルなどのホスピタリティ・サービスが該当する。比較的価格が高く，購買頻度が低い商品である。消費者は，品質や性能，価格，デザインなどの基準で慎重に比較検討を行うため，複数の店舗を回り，あるいはネットでの情報収集や身近な人から得られた情報をもとに，比較検討して購入する。また，消費者は，中心繁華街や郊外型大型商業施設など，ある程度の商業集積がある地域に出向くなど，ある程度の商品探索と購買行動に関して，時間と労力，そして金銭的コストをかける。そのため，販売チャネルは，専門店や特定の施設に限定されるが，小売店舗では，ある程度の広範

囲の商圏設定を設定して，来店に向けた広範囲のプロモーションを行う必要がある。

　買回品については，近年，ネット通販における配送料や返品，保証などの付帯サービスが充実してきており，消費者はネット通販を活用した購買行動へと大きくシフトしてきている。特に，スマートフォンのような高機能な個人端末の普及とアプリの充実による操作性の向上，セキュリティ技術の向上による決済サービスの充実化により，ネット通販と実店舗での購買の選択における消費者の利便性が格段に向上している。例えば，ネットで十分な情報収集を行った上で，あるいは情報収集をしながら，実店舗に出向いて商品を実際に確認し，あるいは店員のセールス・ポイントの説明を得て購入する購買行動，すなわち"ウェブ・ルーミング"。逆に，実店舗に出向いて商品を実際に確認して比較・検討し，あるいは店員のセールス・ポイントの説明を得てから，ネット・ショッピングで価格やサービスを比較して商品を購入する，すなわち"ショー・ルーミング"など，消費者はネットと実店舗を自身にとって最も便益の高い購買条件の下で選択できるようになっている。買回品の多くでは，このような消費者の商品探索手段や購買行動の変化，販売者側の顧客価値の向上に向けた対応が余儀なくされている。したがって，実店舗での小売店としては，セミ・セルフサービスおよび対面販売を基本として，消費者に店員が接触する機会を購買の機会へと有効につなげるための顧客の便益に適った接客・応対，付帯サービスが必須となる。店員は，セールス・ポイントの説明に留まらず，顧客が抱える問題を見極め，商品を通じてソリューションを提供すべく，コンサルテーション・セールスを展開していく必要がある。他方，小売店は，実店舗にこだわることなく，ネット通販などの販売チャネルの多角化を図ることによって，消費者の一連の購買行動を支援し，顧客の便益に適ったアプローチが求められている。

3．専門品

　専門品は，デザイナーズ・ブランドの衣類，乗用車や貴金属などの商品の他，

ウェディング・サービスのように，奢侈品としての性格が強い高級な商品，極めて高価格であり，購買頻度の極めて低い商品が該当する。消費者は，場合によっては複数回にわたって来店し，品質や性能，価格，デザインなどの基準で極めて慎重に比較検討するなど，事前の情報収集と購入の意思決定までに時間と労力を惜しみなく費やす傾向が強い。販売チャネルが限定された専門店や直営店，および関連施設のみとなるため，極めて広範囲の商圏設定を前提とした出店立地とする。また，消費者はある程度のブランドに対する忠誠心を備え，あるいはある程度の商品に関する知識を整理した上で来店することが多いため，店舗においては，対面販売を原則とした専門的なアドバイスやブランド価値を高める接客・応対が重要となる。特に，顧客価値の実現と製品やサービスに対する満足度を高めるためには，付加的なサービスも重要な要素となるため，製品やサービスの購買前後における丁寧なコミュニケーションを通じた顧客との信頼関係の醸成が有効となる。ただし，あくまでも販売を見込める客に対してアプローチを行う。

4．製品構成

　製品やサービスは，「製品のコア」「製品の形態」「製品の付随機能」の3つのレベルによって構成されている。

　まず，最も基本的なレベルである「製品のコア」とは，製品を通じて消費者に提供される中核的な便益，消費者が製品を購入することで獲得しようとする核となる便益である。例えば，自動車を購入する人は「移動手段」を，また教育サービスを購入する人は「指導と学習の経験」を，製品を通じてそれぞれの便益を購入している。

　次のレベルは，「製品の形態」とは，消費者に「中核的な便益」を提供するための特性である。具体的には，品質水準，特徴，デザイン，ブランド名，パッケージングの5つがある。それら形態を構成する要素は，質の高い「中核的な便益」を提供するために効果的に組み合わされる必要がある。例えば，自動車であれば，車の性能や装備，内外装のデザイン，商品ブランド，オプション部

品を含めたパッケージングなど，それらが統合されて消費者に便益を提供される。また，教育サービスであれば，講座での内容や指導水準，利用される教室や各種設備，担当配置される教員，学校名など，同様に統合されて消費者に便益が提供される。

　最後のレベルは，製品の核と製品の形態とを取り巻く「製品の付随機能」である。消費者が購入した製品を利用するための各種サービスが含まれる。具体的には，保証や配達，多様な支払手段の提供，製品の取付，接客応対における販売員とのコミュニケーションなどがある。例えば，自動車であれば，２年間の新車保証や３か月～６か月ごとの定期点検，自動車ローン，オプション部品の取付などがある。また，教育サービスでは，正課外の指導や相談対応，資格取得支援などがある。付随的な機能ではあるが，消費者にとっては製品やサービスを購入することによって獲得しようとする便益として重要な要素である。そのため，製品やサービスを消費者に提供する側としても，製品やサービスの差別化を図る上で重要な要素となる。

　しかし，製品やサービスは，基本的な特徴のみによって構成されているのではない。消費者は，製品やサービスを通じて，複合的な便益を獲得し，自らのニーズを充足させようとする。すなわち，製品やサービスとは，消費者にとっては問題解決のための手段であり，消費者の複合的な便益の集合体＝「便益の束」と捉えることができる。したがって，製品やサービスの開発にあたっては，それらを通じて消費者が求めるいかなる中核的な便益を満たそうとするか，また製品やサービスの形態をデザインし，いかなる付随的な機能を組み込むかによって，消費者の求める「便益の束」を実現するための統合的な製品やサービスを検討する必要がある。

5．性能と機能

　例えば，冷蔵庫は"モノを冷やし保蔵する"，照明機器は"空間を明るく照らす"，という「機能」をそれぞれが有する。あらゆる製品には，消費者に満足を与える何らかの「機能」が必ず備っている。そして，それら製品に備わっ

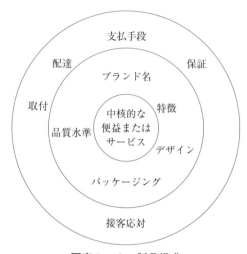

図表5－2　製品構成

出所）コトラー＆アームストロング（2003：349）を参照して作成

た機能が発揮される程度を「性能」という。例えば，冷蔵であれば，冷蔵温度のコントロールや容量など，照明機器であれば，照度や輝度などが「性能」として捉えられる。つまり，「性能」と「機能」を以て，その製品の有用性が構成されるのである。そのため，「性能」と「機能」は，ある企業の製品と競合製品とを差別化するための競争的な手段となる。

6．パッケージ

　パッケージとは，「製品を入れる容器や包装紙をデザインし，生産すること」であり，いわゆる「包装」である。包装とは，「物品の輸送，保管などにあたって，価値および状態を保護するために適切な材料，容器などを物品に施す技術および施した状態」である。包装には，次の3つのレベルでの包装が含まれ，それぞれに異なった機能がある。

・包装の3つのレベル

①「個装」：商品本体自体を入れる容器で商品個々の包装

　　≒「一次パッケージ」

②「内装」：個装を外部圧力から守る包装保管や内容表示

　　≒「二次パッケージ」

③「外装」：保管や荷物の識別，製品の輸送に必要な梱包の包装

　　≒「輸送パッケージ」

また，パッケージの目的としては，次の 5 つが挙げられる。

①　商品の保護

②　商品を取り扱う際の利便性

③　商品の販売単位の形成

④　商品のプロモーション

⑤　商品に関する情報伝達の手段

　今日の小売店においては，比較的狭い商品カテゴリー内であっても陳列棚では激しい競争が展開されており，陳列される商品が顧客の視点から差別化の要素が認識されにくい場合がある。しかも，最寄品のように低価格で慣習的に購買される商品については，競合する商品間での価格や性能，品質面での消費者のブランドのスイッチングを誘引するような決定的な差別化がむずかしい。また，ネット・ショッピングに対応した仮想店舗の多くでは，端末画面上での商品に関する情報などに限定されるため，差別化を図るために企業でコントロールできる手段・方法には限界がある。そのため，パッケージを介して，即座に消費者の興味・関心を惹起し，商品の説明，そして企業や商品ブランドを認知してもらうことが，消費者にアプローチし他との差別化を認識してもらう上で重要な要素となっている。

　例えば，セルフサービスやセミ・セルフサービスの場合，消費者が直接に製品を目にし，あるいは手にする場合が多いため，パッケージが消費者とのファースト・コンタクトとなる。そのため，消費者の関心とブランド選好を満たすべく，パッケージのデザインや形状や素材など，消費者の視覚や触覚による訴求力を高めることは，商品の魅力を高め，ブランド力の向上を図ることに資する。すなわち，パッケージは，単なる包装の機能を超越し，効果的なプロモーション手段として重要な役割を担うようになっているのである。

▶▶▶ 第4節　新製品・サービスの開発 ◀◀◀

　先進諸国の成熟化経済においては，多くの市場が成熟期を迎え，市場における競争が激化の一途をたどっている。多くの企業は，飽和した国内市場において，製品やサービスの競争力を高めるべく，継続的に製品やサービスの見直しを図らざるを得ない。また，製品やサービスには，それらが市場に投入され，消費者に評価され，一定の成長を遂げるとしても，いずれは衰退の憂き目に直面する。競合他社がより魅力的な製品やサービスを投入し，あるいは代替製品や代替サービスの出現，さらには消費者が既にそれら製品やサービスに充足するようになり，既存の製品やサービスは急速に市場における競争力を失いかねない。製品やサービスには，必然的にいずれ寿命が到来するものである。特に，多くの製品やサービスが直面している近年の急速なコモディティ化の傾向により，多くの製品やサービスが短命化してきており，企業は製品・サービスの見直しスパンを短縮化させてきている。ロングセラー商品であっても，定番商品であっても，定期的にポジショニングの見直しを図り，持続的に革新を図っていかなければ，時代の変化とともに多様化するニーズの変化の中にあって，消費者の十分な支持を獲得していくことが困難となっている。

　製品やサービスの寿命に関しては，次の4つの対策が考えられる。

①　新製品・サービスを開発して，既存の市場で新たな寿命

②　新製品・サービスを開発して，新市場を開拓して新たな寿命

③　既存の製品・サービスの追加的な更新により既存の市場で延命

④　既存の製品・サービスで，新市場を開拓することにより延命

　本節では，①・②の新製品・サービスの開発について説明を行うが，③・④の既存の製品・サービスによる延命についても共通した問題として，様々なリスクが想定される。市場に提供する製品・サービスが，消費者のニーズに適い受け入れられるか，消費者のニーズに適っているとしても，十分に利益を確保できるだけの販売価格とコストとのバランスを実現できているか，消費者が求める便益を十分に提供しうるか，など。いずれにしても，企業は，製品・

サービスを市場に提供するにあたっては，想定されるリスクを抽出し，それら
リスクを低減するための方策を検討・対処しておく必要がある。

　特に，新製品・サービスの開発にあたっては，大きなリスクが想定される。
開発された新製品・サービスが消費者のニーズに適い目標とする売上げ・利益
を十分に確保できるか，そもそも消費者のニーズにある便益を提供できるだけ
の新製品・サービスを開発できるか，また開発できるとしても消費者に受け入
れられる価格やタイミングで市場に投入されるか，といった既存製品にはない
特有のリスクが想定される。

　もちろん，新製品・サービスの開発には，市場や消費者のニーズが前提とな
るため，それらを的確・適宜に把握しておくことが最も重要である。それと同
時に，企業においては，それら市場や消費者のニーズを充足し，十分な便益を
提供しうる新製品・サービスを開発し事業として成立させうるだけの経営資源
と戦略を有しているか，ということも重要となる。新製品開発・サービスの開
発には，市場や消費者のニーズだけでなく，ノウハウや技術，人材や設備といっ
たシーズ（ビジネスの種）も考慮する必要がある。顧客の視点だけでなく，生
産者の視点にも立脚し，それら顧客と生産者の視点のバランスを図らなければ
ならない。すなわち，新製品・サービスの開発には，「シーズとニーズのマッ
チング」が不可欠なのである。

　ただし，以上のような新製品・サービスの開発における重要な課題がクリア
されるとしても，新製品・サービスの開発の成功は，約束されるものではない。
新製品・サービスの開発の成否は，あくまでも市場に投入されてみなければわ
からない。また，消費者が意図しないような用途で新製品・サービスを利用す
るなど，開発の際に意図したものとは異なった便益を消費者に提供することに
なる場合もある。市場や消費者の断片的あるいは部分的なニーズやウォンツだ
けを捉えて企画をすすめる「マーケティングの近視眼」のリスクにも留意しな
ければならない。

　以上の新製品・サービスの開発における様々なリスクを低減するとともに，
それらリスクへの対策としての諸課題を克服し，成功の可能性を高めていくた

めには，新製品・サービス開発におけるリスク・マネジメントとして，一般的には次の8つのステップから成るプロセスを展開していく。

▶▶▶ 第5節　新製品・サービスの開発プロセス ◀◀◀

1．アイデアの創出

　第1段階は，新製品・サービスのためのアイデアを探索するプロセスである。市場や消費者のニーズにヒントを得たものだけでなく，個人的に興味があることや既存製品の様々な用途など，様々な視点での新たなアイデアが必要である。アイデアの源は，従事する開発スタッフだけでなく，企業内の他部署や顧客，競合他社，取引先など，幅広く探索する。そのため，価値のあるアイデアを探索するためには，より多くのアイデアを収集するための柔軟な組織風土やアイデアの提供を奨励する仕組みづくりが必要となる。

2．アイデア・スクリーニング

　第2段階は，数多く集められたアイデアを絞り込んでいくプロセスである。速やかに"可能性"がありそうなアイデアを抽出し，"可能性"が見込めそうにないアイデアを排除していく。ここでいう"可能性"とは，売上げ・利益を見込めるかということである。そして，取捨選択によりある程度に絞り込まれたアイデアは，企画書による審査を経て，市場規模や製品価格，開発期間やコスト，製造コストや販売コスト，投資回収率など，一般的基準に基づき大まかに見積もられる。それら見積もられたアイデアは，開発方針に基づく一定の基準で評価され，さらに優れたアイデアだけに絞り込まれる。そのため，このプロセスにおいては，アイデアを絞り込んでいくための基準が明確にされ，それらに基づいて適切に評価するための仕組みが必要となる。

3．製品コンセプトの開発

　第3段階は，優れたアイデアを製品コンセプトへと発展させることである。製品コンセプトとは，具体的には，"だれに"＝標的とする顧客層，"なにを"

アイデアの創出
↓
アイデア・スクリーニング
↓
製品コンセプトの開発
↓
マーケティング戦略の検討
↓
採算分析
↓
試作品の開発
↓
テスト・マーケティング
↓
商品化・市場投入

図表 5 - 3　開発プロセス

出所）コトラー＆アームストロング（2003：401）を参照して作成

＝提供する便益，"どのように"＝便益を提供するための「形態」，の 3 要素である。製品コンセプトの開発にあたっては，これら 3 要素を明らかにするとともに，消費者に製品が意図する便益が適切に理解されるように表現する必要がある。

4．マーケティング戦略の検討

第 4 段階は，短期，中・長期のそれぞれの観点から，マーケティング目標を設定し，それら諸目標を達成する具体的な計画を検討することである。マーケティング目標としては，売上高，利益額・利益率，市場占有率，企業・製品イメージが挙げられる。そして，マーケティング目標を達成するための具体的な計画としては，設定された予算配分を考慮して，効果的なマーケティング・ミックスを策定することである。

5．採算分析

第 5 段階は，この企画が事業として十分な"可能性"を実現できるかを評価することである。採算分析においては，設定されたマーケティング目標について，売上げ・コスト・利益計画を精査することによって，それらの諸目標が達

成できる見込みがあるか，厳密に評価される。新製品・サービスの開発に要する様々なコストとリスクを勘案し，具体的な数値に基づいて，見込まれる売上げ・利益を審査することによって，新製品・サービスの価値を客観的に査定するものである。そのため，このプロセスにおいては，コストやリスク，予測される売上げや利益を正確に算出するための技術やノウハウが重要となる。

6．試作品の開発

　第6段階は，採算分析で"可能性"が評価された企画について，具体的な製品・サービスの試作品を開発することである。研究開発部門や技術関連部門が，企画の詳細な内容を正確に理解し，それを踏まえた「機能」と「性能」を達成できうる試作品を開発する。そのため，試作品の開発にあたっては，企画で企図された新製品・サービスの製品構成についての情報共有が不可欠であり，そのために関連する部署での十分なコミュニケーションが必要である。

7．テスト・マーケティング

　第7段階は，開発された試作品が，企画内容で企図した"可能性"を実際に十分にクリアできるかを確認し，また商品化・市場投入にあたっての潜在的な問題を発見するため，さらにはより有効なマーケティング戦略を策定するため，小規模な実験を行うことである。テスト・マーケティングの方法としては，特定の地域でキャンペーンを実施して，企画した新製品・サービスの市場や消費者の反応を調査し，あるいは取引先や特定の顧客による評価，などがあげられる。いずれにしても，テスト・マーケティングを通じて，最終段階である商品化・市場投入にあたっての製品・サービスのブラッシュ・アップを図るプロセスとして，ある程度のコストと時間を費やすことによって，効果的なマーケティング戦略の策定を含めた慎重な判断が求められる。

8．商品化・市場投入

　第8段階は，新製品・サービス開発の最終段階である。企業は，この段階ま

で開発プロセスを進めてきたとして，第 7 段階のテスト・マーケティングの成果，商品化・市場投入のタイミングによっては，商品化・市場投入を潔く見送るべき場合もある。なぜならば，新製品・サービスの開発は，既存製品のブランド・イメージの毀損や自社製品間の競合による顧客の奪い合いなど，他への影響を考慮する必要があり，失敗した場合には，企業全体に深刻な影響を及ぼしかねない大きなリスクが存在するからである。新製品・サービスの"可能性"には不確実性が多分にあり，すべてのプロセスで評価し積み上げてきたものが，開発当初から最終段階での商品化・市場投入する段階までの時間的経過により，企画が陳腐化してタイミングを逸することも想定される。したがって，商品化・市場投入を決断した場合には，成功の機会を逃さないために迅速な事業展開が必要となる（コトラー＆アームストロング，2003：397-421）。

　以上が新製品・サービス開発プロセスであるが，これらは新製品・サービス開発に伴う様々なリスクを低減し，成功するための精度を高めるための一連の取り組みである。製品の特性や市場や消費者のニーズの変化，あるいは経済や社会情勢を背景とした市場や消費者の態様の変化，市場における企業間の競争や技術動向による企業の経営資源の変化，など複合的な要因によっては，開発プロセスにおける方針は異なってくる。

　例えば，新製品・サービスの開発競争が激しく，製品・サービスの寿命が比較的短い製品では，素早く消費者の変化するニーズを的確に把握し，新たな製品・サービスを迅速に開発，商品化・市場投入へとつなげていく俊敏性が求められる。他方，製品・サービスの寿命が比較的長く製品の高度な品質が要求される，あるいは一定程度のブランド力を形成している製品・サービスについては，市場や消費者の既存の製品・サービスあるいは企業に関する評価に対して，及ぼしうる影響を見極めた上でのコストと時間をかけた慎重な判断が求められる場合もある。

【引用・参考文献】

イアコブッチ，D. 著，奥村昭博・岸本義之監訳（2001）『マーケティング戦略論』ダイヤモンド社

青木幸弘・恩藏直人編（2004）『製品・ブランド戦略—現代のマーケティング戦略①』有斐閣

コトラー，P.，アームストロング，G. 著，和田充夫訳（2003）『マーケティング原理　第9版』ダイヤモンド社

コトラー，P.，ケラー，K. L. 著，恩藏直人監修，月谷真紀訳（2014）『コトラー＆ケラーのマーケティング・マネジメント　第12版』丸善出版

ドイル，P. 著，恩藏直人監訳（2004）『価値ベースのマーケティング戦略論』東洋経済新報社

日本商工会議所・全国商工会連合会編（2019）『販売士ハンドブック〈基礎編〉』カリアック

【レビュー・アンド・トライ・クエスチョンズ】

- 製品は，どのようなレベルによって構成されているか。また，製品を「便益の束」と捉える意味は何かを考えてみましょう。
- 新製品・サービスの開発には，どのようなリスクが想定されるか。また，新製品・サービスの開発の精度を高めるための開発プロセスには，どのようなステップがあるでしょうか。

いっそうの学習を進めるために

伊藤宗彦・高室裕史（2010）『1からのサービス経営』碩学舎

　ホスピタリティ産業におけるサービスについて，サービスの特性を踏まえた上で，効果的に顧客の経験価値を高めていくための方法がわかりやすく説明されている。

小宮昌人・楊皓・小池純司（2020）『日本型プラットフォームビジネス』日本経済新聞出版社

　多くの企業では，顧客に対して製品の付加的なサービスにより包括的な便益を提供し，顧客との長期的な関係を構築して，持続的に収益を上げていくためのプラットフォームとして捉える傾向がある。本書では，製品・サービスの開発により，プラットフォーム型のビジネスへとビジネス・モデルの革新を図るための理論について説明している。

第6章　価格戦略

●**本章のポイント**●

　価格戦略とは企業がマーケティング目標を達成するために，長期的視野に立って行う製品ないしはサービスの価格に関する計画といえる。多数の売り手と買い手が存在する市場においては，価格は，需給関係によって与えられるものであり，個々の企業がコントロールしうる対象ではない。ここでは，価格決定に関わる需要と供給の関係や，価格設定の基本的な考え方，値入や損益分岐点などの理解を通して価格決定に関わる全般的知識の習得を目指す。

Keyword

価格，需要と供給，プライスゾーン，プライスライン，プライスポイント，値入額，値入高，値入率，需要の価格弾力性，初期高価格政策，初期低価格政策，固定費と変動費，損益分岐点

▶▶▶ 第1節　価格の役割 ◀◀◀

1．価格とは

　価格（price）とは，製品の価値を貨幣で表したものであり，買い手から売り手に対して，製品ないしサービスの見返りとして貨幣で支払われる金額，つまりモノやサービスの対価を意味する。

　価格は売り手と買い手の双方が納得のいくところで決まる。価格が上がるにつれてその金額を払う人はだんだん少なくなり，誰もがお金を払う気にならないところまで上がれば，売り手は価格を下げざるを得なくなる。つまり，価格は売り手と買い手の納得した金額ということができる。

2．価格と品質のバランス

price（価格）≦ quality（品質）

買い物でお金を使う時は，単に製品やサービスの価格が安いかどうかだけではなく，製品やサービスの品質が求める水準に達しているか，価格と品質のバランスが適切かを意識している。つまり，お金を使う時には，価格だけでなく，価格と品質のバランスを総合的に判断して買うかどうかを決めているのである。購入する製品やサービスの品質は過剰でも過少でもないか，価格と品質のバランスはとれているのかを検討することが大切といえる。

3．価格と生産量

製品の価格が上がれば生産者の収入は増え，生産者は生産量を増やそうとし，消費者は支払うお金が増えるため，購入量を減らそうとする。一方，価格が下がれば消費者は購入量を増やそうとするが，反対に生産者は生産量を減らし価格を維持しようとする判断が働く。このように，生産量の多寡は価格の上下に影響を与えるといえる。

4．価格と希少性

希少性とは，人々が求めている量に対して供給される量が少ないことをいい，希少性が高いものは価格が高くなる。

例えば，日本の水道水は誰もが飲める状態であるため安価である。しかし，中東など水が貴重な資源となる国では，石油よりも水の希少性のほうが高かったりする。希少という意味では，宝石もそのひとつである。地球上に存在する量が限られているため，希少性も高くその分価格も高くなる。

また，自然界だけではなく身の回りにある製品やサービスでも，希少性は存在する。例えば，数量限定製品や期間限定製品がこれに該当する。私たちは希少だと認識する製品やサービスに対して実際以上の価値を感じる傾向にあるため，そのような製品やサービスに対して高い対価を支払いやすいといえる。

5．需要と供給による価格決定

　市場の競争によって需要と供給が釣り合う価格のことを市場価格という。市場経済はお金を払って製品やサービスを手に入れたいという「需要」と，製品やサービスを提供することで利益を得ようとする「供給」から成り立っている。市場価格は市場での商品の需要量と供給量の均衡がとれた価格で決定されるため，需要量と供給量どちらかが変化すればそれに対応して価格も変動する。例えば，製品やサービスが足りないと価格が上がり，余れば価格が下がることで，需要と供給のアンバランスは解消される。逆に価格の変動よって需要量と供給量が変動する場合もある。なお，完全な競争市場で需要量と供給量が均衡しない場合には，調整が自動的に行われて需要量と供給量が均衡し，市場価格は必ず均衡価格へ向かっていく。このような，自然と需要量と供給量が一致することを「価格の自動調節機能」といい，需給のバランスを一致させる価格を「均衡価格」という。アダム・スミスはこの価格の自動調節機能のことを「神の見えざる手」と評した。

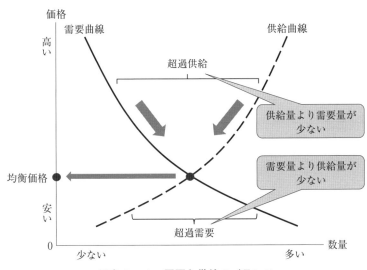

図表6−1　需要と供給のバランス

出所）筆者作成

6．価格設定に影響を及ぼす要因

　価格の設定に影響を与える要素は「競争環境」「需給関係」「売り手と買い手の交渉力」「スイッチングコスト」である。

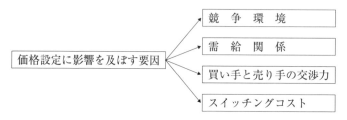

(1)　競争環境

　競争環境に左右されない価格設定をするには，以下の4つを考えて製品を差別化することが大切である。

- 機能
- デザイン
- ブランドイメージ
- サービス

「競争環境」というのは，類似製品に対して，競合他社がどのような価格設定をしているかということである。競合他社よりも高価格で販売するためには，自社製品のメリットや利便性を明確に打ち出すなどの工夫が必要になる。例えば，文具用品でも，こすると消えるマーカーや，ボールペンなど，競合他社製品との違いを打ち出すことで高価格を設定する例などがあげられる。

(2)　需給関係

「需給関係」とは，需要と供給の関係性である。前述のとおり，価格が下落すれば需要は増えて，価格が低下すれば供給量を抑える力が働く。そのバランスを需要と供給バランスの曲線から導き出し，最終的な価格設定を行っていく。

(3)　売り手と買い手の交渉力

「売り手と買い手の交渉力」とは，その市場において，売り手と買い手の力関係がどのようになっているかということである。買い手がたくさんいる市場においては，売り手の力が上回ることになり，売り手が価格の交渉力を持つこ

とができる。一方，買い手が少なく売り手がたくさんいる市場においては，買い手の力が上回ることになり，買い手側が価格の交渉力を持つのである。

　自社の製品が置かれている状況を把握し，どのような要素が価格設定に影響を与えているのかを考慮していくことが必要となる。

⑷　スイッチングコスト

　買い手あるいは売り手が，相手を変更する際に発生するコストである「スイッチングコスト」も売り手と買い手の交渉力を考える上で重要となる。スイッチングコストは，互いの関係が長期間に及ぶにつれて上昇する。例えば，スマートフォンの機種変更が挙げられる。もともと iPhone を使用していたユーザーが Android への切り替えであれば，操作を覚えなおさなければならないという心理的な負担がかかってくる。また，スポーツジムに通っていた人が，他のスポーツジムに変更しようとした場合，今まで通っていたスポーツジムの解約手続きや新しいジムでの入会手続きなどの金銭的な負担がかかることとなる。このようにスイッチングコストとは，顧客が使用している製品やサービスから，別の製品やサービスに切り替える場合に発生する様々な負担のことをいう。

▶▶▶ 第2節　価格設定の基本的な考え方 ◀◀◀

　価格設定とは，製品やサービスの価格を決定することで，一般的には，以下の3つの考え方がある。

　ひとつめの考え方は，製品のコストを算出して価格を設定する方法，2つめは市場の需要動向から価格を設定する方法，そして3つめは競合他社の価格を参考にしながら商品やサービスの価格を設定する方法である。

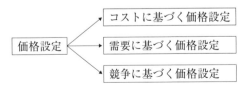

1．コストに基づく価格設定

　コストに基づく価格設定法には，原価をベースとしたコストプラス法と，目標利益をあらかじめ決めておき，その目標利益が得られるように価格を設定するターゲットプロフィット法がある。

⑴　コストプラス法

　コストプラス法とは，コストに一定のマージンを加えたものを販売価格にしようとするものである。

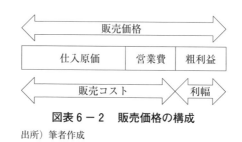

図表6－2　販売価格の構成

出所）筆者作成

　販売価格は，以下の式で求められる。

　①　販売価格＝仕入原価＋営業費＋粗利益

　②　販売価格＝（仕入原価＋営業費）÷（1－売価値入率）

　　〈例〉　販売価格　　　100円

　　　　　仕入原価　　　 60円

　　　　　営業費　　　　 20円

　　　　　粗利益　　　　 20円

$$売価値入率＝\frac{粗利益}{販売価格}＝\frac{20}{100}＝0.2（20\%）$$

⑵　ターゲットプロフィット法（目標利益確保価格法）

　目標とする利益の全額をあらかじめ固定費の全額にプラスしておき，総額として目標とする利益額を確保する方法である。

　この価格法は，販売する製品やサービスから，目標とする利益が得られるような価格を設定するものである。

販売数量　　　　　　　10,000個

仕入原価　　　　　　　60円

1個当たりの目標利益　20円

固定費（営業費）　　200,000円（10,000個にかかる固定費）

全体の仕入原価：60円×10,000個＝600,000円

全体としての目標利益：20円×10,000個＝200,000円

全体の仕入原価と目標利益＋固定費：800,000円＋200,000円＝1,000,000円

目標利益を確保する価格：1,000,000円÷10,000個＝100円

つまり，販売価格を100円に設定することで目標利益を確保することができる。

⑶　固定費・変動費

ここでは，固定費と変動費について述べる。

固定費とは，売上高の発生に関係なく必要となる費用のことで，給与をはじめ，減価償却費や水道光熱費，不動産賃借料などが該当する。

変動費とは，売上高の発生と比例的に生じる費用のことで，変動費の大部分を占めるものが売上原価である。その他，販売費のなかの広告宣伝費なども変動費に該当する。

固定費と変動費の分類は，そのときどきの経営実態にもとづいて割合を検討する場合がある。どこまでが固定費で，どこからが変動費であるかを厳密に規定するよりも，区分の基準を決めておき，毎期継続して確認しておくことが大切である。ここでは，変動費と固定費の区分について，勘定科目法による費用分類と，総費用法による分類ついてみてみる。

①　勘定科目法による費用分類

中小企業庁の「中小企業の原価指標」では，卸・小売業，建設業，製造業という3つの業種ごとに，勘定科目ごとに変動費と固定費に分けている。例えば，卸・小売業の場合に，販売員給料手当は固定費，売上原価は変動費となっている。また，卸売業の場合，車両燃料費は50％が固定費で，残り50％が変動費というように，勘定科目の中に変動費と固定費が混在しているものにも対応して

いる。

卸・小売業の場合

固定費	変動費
販売員給料手当，車両燃料費（卸売業の場合50％），販売員旅費，交通費，通信費，広告宣伝費，その他販売費など	売上原価，支払運賃，支払荷造費，車両燃料費（卸売業の場合のみ50％），保険料（卸売業の場合のみ50％），

②　総費用法

　総費用法とは，売上高のぶれと総費用のぶれを前提にして，変動費率を導出し，売上高に変動費率を掛けることによって変動費を計算する方法である。

	前　期	今　期	差　額
売上高	1,000	1,100	100
費　用	800	850	50

　上記の場合，売上高の差額は100，費用の差額は50となる。

　つまり，変動費率は $\frac{50}{100} = 0.5$ であり，50％になる。

　変動費率が50％であるから，

　前期の変動費は，$1,000 \times 50\% = 500$

　前期の固定費は，$800 - 500 = 300$ となる。

　つまり，前期の費用は，$500 + 300 = 800$ である。

　今期の変動費は，$1,100 \times 50\% = 550$ であり，

　今期の固定費は，$850 - 550 = 300$ となる。

　つまり，今期の費用は，$550 + 300 = 850$ となる。

	前　期	今　期	差　額
売上高	1,000	1,100	100
費　用	800	850	50
変動費	500	550	
固定費	300	300	

　ターゲットプロフィット法（目標利益確保価格法）は，固定費・変動費に加えて損益分岐点分析を認識することが重要である。

(4) 損益分岐点

　損益分岐点とは損益がゼロになる売上高をいう。つまり，仕入れや販売に要した費用と販売で得た収益が等しい状態であり，利益も損失も生じない売上高のことである。

損益分岐点売上高＝固定費＋変動費

　売上高がゼロの場合は，固定費分が赤字（損失）となる。売上高が発生し，その額が増加すると限界利益も発生し，やがて固定費と限界利益が等しくなる。その時の売上高が損益分岐点となる。

《A社》

売上高	1,000
変動費	600
限界利益	400
固定費	200
利　益	200

　上記を利益図表で表す。

　ひとつのメモリは100である。売上高がゼロのときに発生する費用は固定費の200のみである。固定費は売上げに関係なく発生する費用なので売上高がゼロの時も売上高が1,000の時も200である

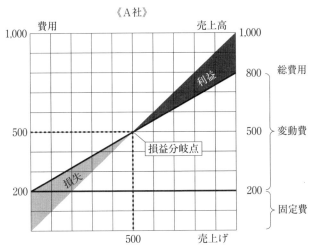

図表6－3　利益図表

出所）筆者作成

ことがわかる。

　また売上高が1,000の時の変動費は600になる。

　この売上高ゼロの時の費用200から，売上高1,000の時の固定費の200に変動費の600を積み重ねた800までを直線で結んだものが総費用となる。

　つまり，売上高と総費用の交点である500が損益分岐点となる。

　損益分岐点を式で表すと以下のとおりである。

・損益分岐点 $= \dfrac{固定費}{1 - \dfrac{変動費}{売上高}}$

・変動費率 $= \dfrac{変動費}{売上高} \times 100$ （％）

・限界利益率 $= 1 -$ 変動費率

上記のケースをあてはめると，

$$損益分岐点 = \dfrac{200}{1 - \dfrac{600}{1,000}} = 500$$ となり，利益図表の500と一致する。

　また，損益分岐点比率は現在の売上高に対する損益分岐点の割合で以下の算式であらわすことができる。

・損益分岐点比率＝損益分岐点÷売上高×100（％）

上記のケースをあてはめると，

　損益分岐点比率：500÷1,000×100＝50％　となる。

優良企業	70％以下
安全企業	71％~85％
普通企業	86％~93％
不安企業	94％~99％
欠損企業	100％以上

損益分岐点比率は，業種によって一概にはいえないが，目安として80％以下を目指したい。

(5)　目標利益を達成するための売上高の求め方

　目標利益を達成するための売上高は，固定費と目標利益の合計額と限界利益が一致する金額となる。目標利益を達成するための売上高は，固定費と目標利益の合計額を限界利益率で割ることで算出することができる。

$$目標利益を達成するための売上高 = \dfrac{固定費 + 目標利益}{1 - \dfrac{変動費}{売上高}}$$

《A社》

売上高	1,000
変動費	600
限界利益	400
固定費	200
利　益	200

A社は現在200の利益を達成しているが，400の利益を達成するための売上高は下記のとおりである。

目標利益を達成するための売上高：

$$\frac{200+400}{1-\dfrac{600}{1,000}}=1,500$$

売上高に1,500を入れて確かめると，

《A社》

売上高	1,000	1,500	
変動費	600	900	変動費率は60％
限界利益	400	600	売上高－変動費
固定費	200	200	固定費は常に200
利　益	200	400	達成する利益

売上高が1,500のときに，利益が400達成できることがわかる。

2．需要に基づく価格設定

　需要に基づく価格設定は，消費者の需要を考慮して価格を設定する方法である。まず最初に需要と価格の関係について述べる。

(1) 需要の価格弾力性

　需要の価格弾力性とは，価格の変化に応じて製品に対する需要が変化する度合いを示したものである。需要の価格弾力性は，価格の変化率に対する需要の変化率で算定される絶対値で表し，需要の価格弾力性が1よりも大きい場合は需要の価格弾力性が高いといい，需要の価格弾力性が1よりも小さい場合は価格弾力性が低いという。例えば，ある製品の価格を10％値上げしたときに，需要が5％減少したとすると，この場合の価格弾力性は0.5となる。

　一般的にみて，生活必需品は需要の価格弾力性が低く，嗜好品などは需要の価格弾力性が高いといわれている。

$$需要の価格弾力性 = \frac{需要の変化率}{価格の変化率}$$

需要の変化率と価格の変化率は，次の計算式で求めることができる。

需要の変化率

　＝（価格変更後の売上げ－価格変更前の売上げ）÷価格変更前の売上

価格の変化率

　＝（変更後の価格－変更前の価格）÷変更前の価格

変更前：売上数：800個　　価格：600円

変更後：売上数：1,000個　　　価格：500円

$$需要の価格弾力性 \ = \frac{\dfrac{1,000 - 800}{800}}{\dfrac{500 - 600}{600}} = \frac{0.25}{-0.16} = -1.56$$

※需要の価格弾力性は絶対値で表す。

つまり，この製品の需要の価格弾力性は「1.56」となる。

この製品は，需要の価格弾力性が 1 よりも大なので，需要の価格弾力性が大きいということがわかる。

　需要志向の価格設定は，知覚価値価格設定と需要価格設定に大別することができる。

(2)　知覚価値価格設定

　知覚価値価格設定は，消費者が価格に対してどのような認識をもっているのかを基準に価格を決めるという方法である。

　製品やサービスに対して顧客が適正と認める価値，または顧客が製品やサービスによって実際に得られる価値であるカスタマーバリュー（顧客価値）が重要となってくる。

①　名声価格法（プレステージ価格）

　買い手に品質のよさを印象付けるために，意識的に高い価格をつける方法である。高級品は，高価格であることがブランド力になり，高価格を設定するこ

とによって販売量が増加するものである。威光価格ともいう。

② 慣習価格法

　自動販売機の清涼飲料水や，チューインガムなど，買い手が一定の価格水準を長期にわたって認めている場合に採用される価格法である。このような製品は，慣習価格を壊さずに販売価格を設定したほうが顧客に受け入れやすいため，この価格より高い価格を設定すると需要が激減することとなる。

③ 端数価格法

　日用雑貨や衣料品など幅広い製品分野で用いられているもので，399円や1,990円などのように，売価の末尾を8もしくは9などの数字で統一して，顧客に心理的な割安感を与える価格法である。

④ 心理的価格設定法

　消費者が一定の価格範囲内なら価格を気にせず購入する場合，その価格帯の上限を価格と設定する場合。スーツの価格が5万円から7万円なら受容されるのであれば7万円に設定する価格法である。

(2) 需要価格設定

　需要価格設定とは，市場セグメントごとに需要を把握し，それぞれ異なる価格を設定する手法で顧客層や時間帯，場所などの違いによって最適な価格を設定するものである。

① 顧客差別価格法

　大量に購入してくれた顧客や，キャンペーン実施期間に来店した顧客など，顧客の購入金額や一定の条件に応じて，他の顧客よりも安い価格を設定する方法である。近年では，IT系のアプリケーションなどでライトユーザーに対しては無料で製品やサービスを提供し，ヘビーユーザーに対しては有料版を提供するなどの価格設定を行う企業も存在している。

② 時間帯別価格設定法

　市場における需要状況に応じて価格を変動させて，需要の調整をはかり利益を最大化する手法にダイナミックプライシングがある。例えば，航空運賃や宿泊料金は，需要が高まる繁忙期にははじめから高額に設定されており，閑散期

には低い価格や大幅な割引などが設定される。このような，動的な価格設定を行う販売手法のことで，動的価格設定または変動料金制などとも呼ばれるものである。

③　場所差別価格法

映画館や劇場，野球場など，場所に対する需要の違いによって異なった価格設定を行う方法である。その席を求めることによって顧客満足を得ることができるような座席には高い価格の設定が成り立つのである。

3．競争に基づく価格設定

競争に基づく価格設定は，市場で販売されている競合他社の製品やサービスの実勢価格に合わせて価格設定を行う方法である。具体的には，実勢価格に従う価格設定法と入札価格設定法がある。

①　実勢価格に従う価格設定法

実勢価格に従う価格設定法は，市場の競合他社の製品やサービスの価格を基準にして，自社の製品やサービスの価格を設定する方法である。

ファストフード業界でのハンバーガーや牛丼の価格や，清涼飲料水の価格など，業界のリーダーがその製品やサービスの価格主導者となり，他社がその価格に従う例などが該当する。

②　入札価格設定法

入札価格設定法は，公共事業や生産財での納入業者の決定などで利用される方法で，通常は，最低価格を提示した業者が選ばれる。入札価格で落札した場合，買い手にとっては，最も安価な価格で購入することができる反面，技術力やサービスの質といった部分で劣っている企業を選んでしまうことも少なくないため，入札業者が提示した見積もりを十分に検討することが必要である。

4．カテゴリー別価格政策

小売業の販売価格に関する用語にプライスゾーンとプライスライン，プライスポイントがある。

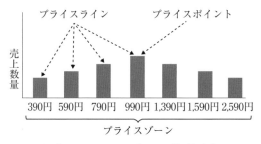

図表6－4　カテゴリー別価格政策

出所）筆者作成

(1)　プライスゾーン

　プライスゾーンは，価格帯ともいわれ，製品カテゴリーごとに小売業が設定する価格の上限と下限の幅を意味する。上記の図で一番安い製品が390円で一番高い製品が2,590円であることから，プライスゾーンは390円から2,590円となる。ある品種において，プライスゾーンを狭くするほど顧客にとっては商品を選びやすく買いやすい売場となる。

　プライスゾーンを設定するねらいは，売場にある商品が全体としてアンバランスにならないように調整することにある。プライスゾーンを高・中・低と価格帯ごとに分け，それぞれの割合を決めておけば，その売場全体のバランスを保つことができ，それが顧客にとって安定的で買いやすい品ぞろえにつながる。

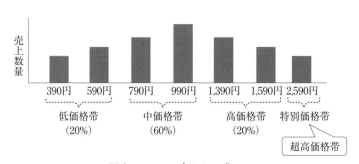

図表6－5　プライスゾーン

出所）筆者作成

⑵　プライスライン

　プライスラインは価格線ともいわれ，商品カテゴリーごとに選定した品目に設定した一つひとつの価格を意味する。通常，それぞれのプライスゾーンのなかに，いくつかのプライスラインが設定される。ひとつのプライスゾーンのなかで，多くのプライスラインを設定するのではなく，ある程度まとめることで，顧客にとって商品選択を容易にすることができるのである。

⑶　プライスポイント

　プライスポイントとは値頃点ともいわれ，ある商品カテゴリーの中で，陳列数量が最も多く，最も売れている品目につけた価格をいう。

5．値入高と値入率

　製品を仕入れた価格に，自店の利益を加えて売価を設定することを値入といい，その金額を値入高という。

　　　売価－仕入原価＝値入高

　値入率は，売価を基準にした売価値入率と，原価を基準とした原価値入率がある。

$$売価値入率 = \frac{値入高}{売価} \times 100 \quad （\%）$$

$$売価値入率 = \frac{売価 - 仕入原価}{売価} \times 100 \quad （\%）$$

$$原価値入率 = \frac{値入高}{原価} \times 100 \quad （\%）$$

$$原価値入率 = \frac{売価 - 仕入原価}{原価} \times 100 \quad （\%）$$

1個80円で仕入れた製品を100円で売ろうとするときの値入率は，

売価値入率：$\dfrac{20円}{100円} \times 100 = 20\%$

原価値入率：$\dfrac{20円}{80円} \times 100 = 25\%$

　値入と似た言葉に粗利益がある。値入高は仕入時に計画した利益のことで，粗利益高は販売時に実現した利益を意味する。通常は，仕入れから販売に至るまでに値下げや製品の汚損，盗難といったロスが発生するため，販売時点の粗利益率は，仕入時の値入率よりも低くなる。

粗利益率 $= \dfrac{粗利益高}{売上高} \times 100$

▶▶▶ 第3節　新製品導入期の価格戦略 ◀◀◀

　新製品導入期の価格設定には，早い段階で利益を確保しようとする初期高価格政策（上澄吸収価格政策，スキミングプライス政策）と初期低価格政策（市場浸透価格政策，ペネトレーションプライス政策）がある。

1．初期高価格政策（上澄吸収価格政策，スキミングプライス政策）

　初期高価格政策は，液晶テレビやエアコン，パソコンなどの家電業界でみられたように，それまで市場に存在していなかった新製品に対して採用される場合が多かった。初期高価格政策は，上澄吸収価格やスキミングプライスというように，消費者が購入する価格帯の中で最も高価格を設定し，利益を先どりする価格設定方法である。その後，売れ行きが鈍ると徐々に価格を引き下げる方法である。

　初期高価格政策を行うには下記の内容がポイントとなる。

• 高い価格でも進んで購入しようとする好奇心旺盛な，また専門的な顧客層が存在する。

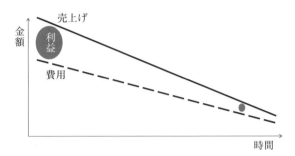

図表6－6　初期高価格政策

出所）筆者作成

- 他社の製品が現れるまで，支出した製品等開発費や広告費を短期間に回収することができる。
- 競争企業が現れてくれば徐々に価格を引き下げ，次の客層をターゲットにする。
- 特許などの参入障壁があり，急激な大量生産や競争者の出現が困難である。

2．初期低価格政策（市場浸透価格政策，ペネトレーションプライス政策）

　初期低価格政策は，早期に市場への製品の普及を促すために行う価格政策である。初期低価格政策では，安い価格を設定することで，早期の段階で顧客を増やし，市場での大きなシェアを確保することをねらいとしている。当初は売

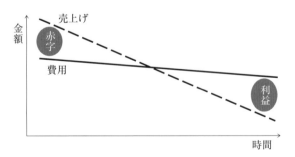

図表6－7　初期低価格政策

出所）筆者作成

上げがコストを下回り，赤字になることが予想される。しかし，累積的に生産量が増えることで次第に単位当たりのコストが逓減し，成長段階の後期で利益を確保しようとする価格戦略である。

　初期低価格政策を行うには下記の内容がポイントとなる。

- 市場浸透を早期に図りたい場合
- 競争企業がすぐに出現する可能性が高い場合
- 購買者が価格に対して敏感な場合
- 大量生産が可能な場合

【引用・参考文献】
上田隆穂（2003）『ケースで学ぶ　価格戦略・入門』有斐閣
小川孔輔（2009）『マーケティング入門』日本経済新聞出版社
中央職業能力開発協会（2018）『ビジネス・キャリア検定試験標準テキスト　マーケティング 2 級』中央職業能力開発協会
矢島邦昭・金森剛（2012）『マーケティングの理論と実際』晃洋書房
梁瀬允紀（2011）『マーケティング超入門』創成社

【レビュー・アンド・トライ・クエスチョンズ】
- チラシなどを参考にして，小売店の具体的なプライスゾーン，プライスライン，プライスポイントを調べてみよう。
- テキストの損益分岐点を参考にして，具体的な利益図表を作成してみよう。

いっそうの学習を進めるために

上田隆穂（2021）『利益を最大化する価格決定戦略』明日香出版社
　　価格決定戦略についてマーケティングの視点から，「高くても買いたい」と思う消費者はどのような人なのか，価格に関する消費者の心理や具体的な価格決定の手法について詳しく解説している。
小川孔輔（2019）『「値づけ」の思考法』日本実業出版社
　　値づけについての基本と具体的な実践方法について，業界で成功している様々な会社の価格戦略の実例をあげながら解説している。具体的には，顧客が納得して購入してくれるような「値ごろ感」をつくりつつ，コスト削減によって利益を確実に出していくことの重要性について解説している。

第7章　流通チャネル戦略

●本章のポイント●

　生産者と消費者を結ぶ流通チャネルは，マーケティング・ミックスの一要素であり，卸売業や小売業者などの外部組織によって成り立っている。こうした流通チャネルの基礎を踏まえて本章では，流通チャネルの組織化戦略について学習する。

　また，コンビニエンスストアなどに代表されるように小売業主導の組織化戦略としてのチェーンストアや，ネット通販やブランド戦略の変化による流通チャネル戦略を理解することを目的としている。

Keyword

流通チャネル，取引総数極小化の原理，直接流通チャネル，間接流通チャネル，卸売業者，小売業者，水平統合，垂直統合，企業型垂直統合，管理型垂直統合，契約型垂直統合，チェーンストア，レギュラー・チェーン，フランチャイズ・チェーン，ボランタリー・チェーン，ネット通販，NB，PB

▶▶▶ 第1節　流通チャネルの概要 ◀◀◀

1．流通チャネルの定義と役割

　生産者によって作られた製品は，消費者の手元に届いてはじめて価値を生み出すことになる。製品が生産者から消費者に届くまでには，製品の所有権の違いによって生じる「人的ギャップ」と生産地と消費地が異なることで生じる「空間的ギャップ」，生産時点と消費時点のずれによる「時間的ギャップ」が存在している。これらのギャップを埋めて生産者と消費者を結ぶ一連の活動が流通チャネルである。このことからわかるように流通チャネルは，生産者と消費者

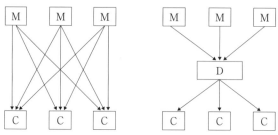

図表 7 － 1　　取引総数極小化の原理

注）M：生産者　D：流通業者　C：消費者
出所）筆者作成

が重要な構成員であることはもちろんのこと，両者の間に存在するギャップを
埋める役割を担う流通業者も構成員となっている。

　流通チャネルにおいて，流通業者は生産者と消費者の間に介在し，複数の生
産者から商品を取り揃え，消費者のニーズや欲求を充足させるのはもちろん，
商品の取引費用（探索費用や交渉費用など）を節減させる役割を果たしている。
例えば，図表 7 － 1 が示すように生産者 3 人と消費者 3 人がいると仮定する。
流通業者が存在しない場合の総取引数は，3 × 3 ＝ 9 となる。流通業者の不在
による総取引数の増加は，生産者自らが自社商品を購入してくれる消費者を探
索し，複数の消費者と交渉を行うなど，取引費用を必要以上に支払うことにな
る。また，本業である生産活動以上に取引活動にも多くの時間を費やさなけれ
ばならない。消費者にも生産者と同様なことが起こる。

　一方で，流通業者が介在する場合には，3 ＋ 3 ＝ 6 と流通業者が介在しない
場合に比べて総取引数が少なくなる。すなわち，流通業者が生産者と消費者の
間に介在することにより，仕入れを代わりに行ってくれることで，消費者の探
索や交渉にかかる手間がなくなり，取引費用の節減につながる。これが流通チャ
ネルの重要な役割であり，このことを取引総数極小化の原理[1] と呼ぶ。

2．流通チャネルの機能

　流通チャネルは，生産者が製造した製品を消費者が入手して利用できるよう

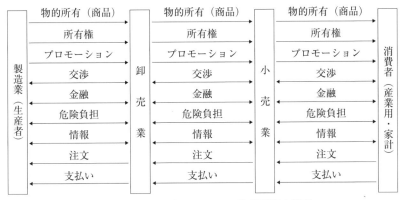

図表 7 － 2　流通チャネルにおける構成員間の機能フロー

出所）柳（2006：137）

にするため，商品流通に関与する様々な関係者（生産者，卸売業者，小売業者等）
が流通業務を遂行することで，成り立っている（高橋，2012：3）。このため，
流通チャネルの構成員は商品流通において重要な機能を果たしている。

　図表 7 － 2 は流通チャネルにおける構成員間の機能フローを示したものであ
る。ここでみるように流通チャネルの機能は，生産者から消費者への前方向フ
ローを構成する機能と消費者から生産者への後方向フローを構成する機能，さ
らに双方向の機能がある（Kotler, P. & K. L. Keller, 2007：297）。前方向フロー
を構成する機能は，生産者と消費者の間に存在する空間的ギャップと時間的
ギャップを埋める物的所有（商品）機能，人的ギャップを埋める所有権機能と，
消費者に商品を認識させて購買へと誘導するプロモーション機能で構成されて
いる。一方で，後方向フローを構成する機能には，消費者が商品を入手するた
めに行う注文機能と，購入した商品の代金を支払う機能で構成されている。す
なわち，前方向フローを構成する機能は生産者が消費者に商品を提供するため
の機能であり，後方向フローを構成する機能は，消費者が商品を入手するため
の行動を伴う機能である。これらの他にも流通チャネルには双方向の機能があ
る。この機能には，取引条件や価格などを話し合う交渉機能と，消費者が商品
を購入する際に支払う代金を生産者が次の生産に投資できるようにする金融機

能，売れ残った商品の代金が回収できなかった場合の危険負担機能，生産者と消費者が必要とする情報を交換し合う情報機能がある。これらの流通チャネルの機能は，異なる段階にいる構成員に分担されている。

3．流通チャネルの類型

　流通チャネルは，図表 7 - 3 が示すように，直接流通チャネルと間接流通チャネルに大別される。直接流通チャネルは，生産者が流通業者を介せず最終消費者に製品やサービスを直接販売する流通チャネルのことをいう。この典型的な例として，カタログやインターネット，テレビなどの媒体を活用して消費者から注文を受ける通信販売や販売員が消費者のところに訪問して商品を販売する訪問販売がある。例えば，Dell はインターネット上の自社ホームページを通してパソコンを消費者に直接販売している。また，化粧品を製造するポーラはポーラレディと呼ばれる販売員が消費者に化粧品を直接販売している。これらのように，生産者が最終消費者と直接取引するものが直接流通チャネルに該当する。この他にも街なかにある焼き立てパンの小売店や製造機能を持つ豆腐小売店などもそれに該当する（河田，2021：10）。しかし，他の生産者から商品を仕入れて販売するアマゾンやジャパネットたかたのような通信販売の場合は，直接流通チャネルには該当せず，間接流通チャネルに分類される。

　一方，間接流通チャネルは，生産者が多数の消費者に商品を効率的に届けるため，流通業者を通して商品を販売する流通チャネルのことをいい，商品の特性や市場への浸透度などを考慮して，図表 7 - 3 が示す 3 つの類型に分類される。

　1 段階流通チャネルは，生産者と消費者の間に小売業者のみが介在するものであり，自動車流通が代表的な事例である。トヨタやホンダなどの生産者は小売業者であるディーラーを通して自動車を消費者に販売する典型的な 1 段階流通チャネルである。また近年では，イオンやイトーヨーカ堂などの大手小売業者が価格競争で優位に立つため，生産者から直接仕入れる場合もこれに該当する。一方で，2 段階流通チャネルは，生産者と消費者の間に卸売業者と小売業

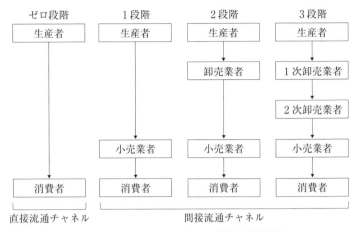

図表 7 － 3　　流通チャネルの類型（消費財）

出所）筆者作成

者が介在するものであり，消費財の流通において最も多くみられるのがこれである。3 段階流通チャネルは，商品流通において小売業者はもとより，卸売業者が 2 段階介在するものである。比較的に商品単価が低く，購買頻度の高い日用雑貨品や食料品など小売店の数が多い商品の流通がこれに該当する（グロービス・マネジメント・インスティテュート，2008：106）。

　流通チャネルは，同じ商品であっても生産者のブランド力や取引先の数などによって異なる場合があり，ひとつの生産者は複数の類型の流通チャネルを併用していることが一般的である。

4．流通チャネルの担い手としての流通業者

　上記をみるように流通チャネルには，生産者と消費者の間に介在し，これらの媒介者として流通活動を専門に行う流通機関が存在しており，卸売業者と小売業者がそれである。これらの流通機関は，商品取引に関与するのはもちろんのこと，効率的な商品流通において中心的な役割を果たしている。

　以下では，効率的な商品流通の担い手である卸売業者と小売業者の概念についてみていくことにする。

　卸売業者は，生産者や卸売業者から商品を仕入れ，商品流通の中間段階に位置する卸売業者や小売業者などに商品を販売する事業者であり，商品取引において所有権を持つか否かによってマーチャント・ホールセラー（merchant wholesalers）とコミッション・マーチャント（commission merchant）に分類される。マーチャント・ホールセラーは，自ら商品の所有権を取得し，商品を再販売する際に仕入価格と販売価格の差額で利益を得る卸売業者である。これはさらに全機能卸売業者と限定機能卸売業者に分類される。全機能卸売業者は，調達・販売やリテール・サポート[2]，物流，危険負担などの卸売機能を遂行する卸売業者である。これに対する限定機能卸売業者は，特定機能のみを遂行する卸売業者である。例えば，ある企業の代わりに商品の調達や物流（配送・保管・在庫管理）だけの機能を遂行する卸売業者がそれに該当する。近年，生産者と直接取引する大規模小売業者の成長に伴い，卸売業者への依存が低下したため，全機能卸売業者よりも限定機能卸売業者のビジネス・チャンスが拡大しつつある。これに対してコミッション・マーチャントは，自らは商品の所有権を持たず，他の企業からの依頼を受けて商品の調達・販売を代行し，それに応じてコミッション（手数料）を受け取る卸売業者である。流通構造が複雑な衣料品などの分野で多くみられており，代理商または中立商などとも呼ばれている。代表的な卸売業者としては海外ならびに国内において取引先の依頼を受けて商品を調達・販売する商社がそれに該当する。

　一方で小売業者は，生産者や卸売業者から商品を仕入れ，流通チャネルの最終段階に位置する消費者に商品を販売する事業者である。小売業者は通常，店舗経費や販売員経費，販促経費など様々な費用が必要となるため，卸売業者に比べてマージンが高く設定されている（グロービス・マネジメント・インスティテュート，2008：104）。

　こうした小売業者が商品流通において，販売代理・購買代理という2つの視点をつなぐ役割を果たしている。例えば，生産者が直接消費者に商品を販売しようとすると，消費者の探索や交渉などに莫大な費用がかかってしまい，商品を効率的に供給することが困難になる場合がある。このため，小売業者は生産

者に代わって消費者に商品を効率的に供給する販売代理機能を有している。また，消費者も日常生活を営んでいく上で必要な商品を揃えるためには，複数の生産者が作った商品を購入しなければならない。しかし，消費者はどの生産者がどこで何を作っているかがわからないので，日常生活に必要な商品を揃えることは困難である。こうした消費者に代わって小売業者は，複数の生産者が卸売業者から商品を揃えてくる購買代理機能も有している。

　この他にも生産者と消費者の間で発生する数量と品揃えのギャップを調整したり，市場情報を生産者にフィードバックしたりするパイプ役としての役割も果たしている。

▶▶▶ 第2節　流通チャネルの組織化戦略 ◀◀◀

1．流通チャネルの組織統合

　これまでの流通チャネルは，生産者と流通業者が独立した形で活動をしてきたため，流通チャネルの構成員間の利害が衝突し，商品の効率的な流通が阻害される場合もあった。こうした状況を回避し，より効率的かつ競争力の高い流通チャネルの構築に向けて，それを組織化しようとする企業が増えている。流通チャネルの組織形態としては，以下のような2つの形態がある。

(1)　流通チャネルの水平統合

　流通チャネルの水平統合は，同業種の企業同士または異業種の企業同士が流通チャネルの効率化や競争力の向上，新しい市場の開拓などのために，流通チャネルを統合するものである。例えば，近年の化粧品業界では，人口減少により市場の縮小やコストの上昇などの問題に直面している。こうした状況を踏まえて激しい競争を繰り広げている資生堂やコーセー，P&Gジャパンなどは，卸売段階までは独自の流通チャネルを通して商品を流通し，小売業者への商品流通においては流通チャネルを統合し，物流業務の効率化や顧客満足度の向上，小売業者の荷受け作業の負担軽減を図っている。このような同業種間の提携は，通常は企業における主業務の提携より，それに付随する業務の効率化を推し進めることを目的としている場合が多い（高瀬，2005：100）。

　また，異業種の企業同士が新しい市場を開拓するために，提携する場合もあり，コンビニエンスストアと地元銀行との連携がそれである。コンビニエンスストアは店内にATMを設置することにより，消費者への金融サービスの提供はもちろんのこと，店舗の売上増加にもつながるメリットがある。このような異業種間の提携は，お互いが得意分野を生かし，相乗効果を狙おうとする場合が多い。

(2)　流通チャネルの垂直統合

　上記の流通チャネルの水平統合は，独自の流通チャネルを持つ企業同士で連携するものであるのに対して，流通チャネルの垂直統合はある商品の流通に関わる生産者や卸売業者，小売業者をひとつの協調的なシステムとして統合し，流通チャネル全体の競争力を高めるものである。この流通チャネルの垂直統合は，図表7-4が示すようにチャネル構成員間の組織化の度合いによって以下の3つのタイプに大別することができる。

①　企業型垂直統合

　企業型垂直統合は，商品の生産から流通に至る一連の活動が同一資本のもとで統合されたものである。例えば，製造小売り[3]であるユニクロのようにひとつの企業が商品の企画から生産，販売までを一貫して行うことがそれに該当する。この他にも家具およびインテリア用品を販売するニトリもそれに該当する。こうした企業型垂直統合は，同一資本のもとで行うため投資負担やリスクが高いが，流通チャネルのコントロールがしやすいメリットがある（清水，2007：166）。

②　管理型垂直統合

　管理型垂直統合は，ブランド力や企業規模の大きいチャネルリーダー[4]が商品の生産から流通に至る一連の活動を組織化し，管理するものである。例えば，お弁当・惣菜類を製造するわらべや日洋とセブン - イレブンの関係がそれに該当する。ブランド力や企業規模が大きいセブン - イレブンがチャネルリーダーとなり，お弁当・惣菜類の流通チャネルを組織化し，価格設定や販促活動などをコントロールしている（高瀬，2005：103）。この他にもトヨタや日産などの

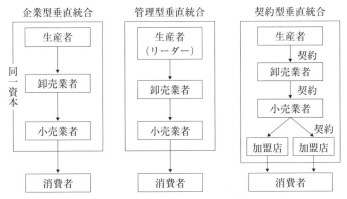

図表 7 - 4　流通チャネルの垂直統合タイプ

出所）松井（2017：98）より一部変更

自動車の流通チャネルもそれに該当する。こうした管理型垂直統合は，企業型垂直統合に比べて投資負担やリスクが低いというメリットがある。一方で，チャネルリーダーによるチャネル構成員への様々な制約が課せられることもある。

③　契約型垂直統合

　契約型垂直統合は，独立した企業同士が商品の生産から流通に至る一連の活動を契約関係で統合し，規模の経済性や販売効率を達成しようとするものである。そのため，一定の契約に基づいてチャネル構成員の権利と義務が与えられている（柳，2006：144）。契約型垂直統合の代表的な例としては，独立した小売業者が同じ目的を持って組織化したボランタリー・チェーンと独立した小売業者がチェーン本部との契約の下で組織化したフランチャイズ・チェーンがある。

2．チェーンストア型小売組織

　今日，我々が買い物に訪れるコンビニエンスストアやスーパーマーケットなどは，組織化された小売業でチェーンストアと呼ばれるものが多い。チェーンストアとは，標準化されたオペレーションに基づいて複数の店舗を効率的に運営するものであり，小売経営において最も重要な組織形態となっている。この

ため，チェーンストアの本質は中央集権的な本部主導のもと複数の小売店舗を統合的に管理・運営することで，個別店舗のみでは対応できない様々な限界を克服することにある（大野，2016：120）。すなわち，小売業者が組織化することにより規模の経済性を実現し，市場の多様なニーズに対応していくことがチェーンストアの本質である。

　こうしたチェーンストアは，資本形態や結合の様式などによって下記のように3つの形態に分類することができる（図表7-5）。

① 　レギュラー・チェーン（RC：Regular Chain）

　チェーンストアの中でも最も伝統的な方法であるレギュラー・チェーンは，単一の企業が直営で多店舗展開するチェーンストアで，直営店を管理・運営することからコーポレート・チェーンとも呼ばれている。本部（本社）が自ら資本を投入し，全国または特定地域に直営店を整備・運営しているため，本部の統率力が極めて強いことから経営方針などが各店舗に反映されやすいというメリットがある。一方で，多店舗展開をするためには，莫大な資本が必要となることから店舗の整備に時間がかかるというデメリットがある。このレギュラー・チェーンを採用している主な小売業態には，イオンやイトーヨーカ堂などの総合スーパーや百貨店，食品スーパーなどがある。

② 　フランチャイズ・チェーン（FC：Franchise Chain）

　フランチャイズ・チェーンは，本部（フランチャイザー）と独立した加盟店（フランチャイジー）が契約関係で結ばれているチェーンストアである。このため，本部と直営店が単一資本で結ばれているレギュラー・チェーンほどではないものの，本部が強い統率力を持っている。

　フランチャイズ・チェーンの本部は，加盟店に対して自社商標の使用権のみならず，加盟店の在庫や品揃えなどの状況を管理し，効率的な店舗経営ができるように店舗運営に関する経営ノウハウを提供する。加盟店は本部から商標の使用権や経営ノウハウなどを提供してもらう代わりに，その対価としてロイヤルティ（royalty：権利使用料）を支払うことが義務づけられている。このフランチャイズ・チェーンは，本部と加盟店が契約関係で結ばれているため，少な

い資本でも多店舗展開が可能であるというメリットがある一方，加盟店同士の
コミュニケーションがほとんど行われないなど，加盟店同士のつながりが弱い
というデメリットもある。フランチャイズ・チェーンを採用している主な小売
業態は，セブン‐イレブンに代表されるコンビニエンスストアがある。

③　ボランタリー・チェーン（VC：Voluntary Chain）

　ボランタリー・チェーンは，フランチャイズ・チェーンに類似する部分が多
い。例えば，本部と加盟店が存在し，両者は契約関係で結ばれている点がそう
である。しかし，ボランタリー（自発的）という言葉のとおり，加盟店同士が
同じ志のもとで結合しており，店舗経営においては高い自立性を持っているこ
とがフランチャイズ・チェーンと大きく異なる点である。なぜなら，ボランタ
リー・チェーンは同業種の小売業者が独立性を維持しながら，仕入れや物流
などの活動を共同で行うことを目的として組織化されたものだからである。こ
のため，加盟店はフランチャイズ・チェーンのように本部にロイヤルティを支
払うことはなく，商品の提供やリテール・サポートに対する対価を支払うのが
一般的である。ボランタリー・チェーンの代表的な企業としては，独立した中
小スーパーマーケットの共同出資により組織化されたCGCと医薬品卸のオー
ルジャパンドラッグが主宰するボランタリー・チェーンがそれである。

　こうしたボランタリー・チェーンは，誰が主導して組織されたかによって小
売主宰型ボランタリー・チェーンと卸主宰型ボランタリー・チェーンに分類さ

	RC	FC	VC
資本形態	企業型	契約型	契約型
結合の様式	資本による結合	契約による結合	同志的結合
本部の統率力	極めて強い	強い	弱い
店舗経営の自立性	なし	中	高い
代表的な小売形態	百貨店 総合スーパー 食品スーパー　など	コンビニエンスストア など	ドラッグストア 食品スーパー　など

図表 7 − 5　チェーンストアの組織形態と特徴

出所）大野（2016：126）

れる。前述したCGCは小売主宰型ボランタリー・チェーンで，オールジャパンドラッグは卸主宰型ボランタリー・チェーンに分類される。

▶▶▶ 第3節　流通チャネルの変化 ◀◀◀

1．ネット通販の成長と流通チャネル

　ネット通販とは，インターネット上の仮想店舗に掲載された商品情報を消費者が閲覧し，インターネット上で商品の注文から決済まで一連の購入手続きを行う販売方法である（魏，2021：236）。この方法を主要な事業として採用し，消費者に商品やサービスを提供する事業者はネット通販専業者と呼ばれている。こうしたネット通販は，取引タイプによってBtoB（Business to Business）とBtoC（Business to Consumer），CtoC（Consumer to Consumer）に分類されている。BtoBは，企業同士で商品やサービスを取引するタイプで，事務用品を中心に販売するアスクルがそれに該当する。BtoCは企業と消費者が行う取引タイプであり，一般的にネット通販というと，これを指す場合が多い。このBtoCは，アマゾンなどのように小売業者が主導するタイプと，伊藤園などのように生産者が主導するタイプに分類されており，そのタイプによって商品の流通チャネルにも大きな違いがある。前者のタイプは生産者から小売業者，消費者という1段階の流通チャネルを採用しており，後者のタイプは生産者が直接消費者に商品を提供するゼロ段階の流通チャネルを採用しているという特徴がある。ネット通販の3つ目の取引タイプであるCtoCは，消費者同士で商品やサービスを取引するタイプであり，主に中古品の取引によく利用されている。この代表的なものとして，ヤフーオークションやメルカリなどがある。

　日本におけるネット通販は，1990年代からパソコンの普及や通信インフラの整備が進むなど，インターネット環境が大幅に向上したことを受けて楽天市場は1996年からインターネット上で商品やサービスの提供を開始した。さらに2000年代半ばのスマートフォンやタブレットなどの普及に伴い，ネット通販はありとあらゆる商品分野で広がりを見せている。このように情報技術の発展はネット通販の拡大において大きな影響を与えてきた。この他にもネット通販が

拡大した背景には，商圏[5]の制約や品揃えの制約が少ない点も重要な要素となっている。実店舗では，商品やサービスを提供できる商圏が店舗を中心とした一定地域に限定され，商圏の拡大に大きな制約がある。一方で，ネット通販はインターネットが使用できる環境が整っていれば商圏の拡大が容易である。

　また，店舗面積の規定は，品揃えできる商品アイテム数を限定させる要因となる。そのため，実店舗では売れ筋商品や在庫管理などといった商品管理を徹底的に行わなければ，不良在庫などによる損失が発生するおそれがある。一方，ネット通販ではインターネット上に商品情報を掲載するだけで済むことから，実店舗より遥かに多くの商品を品揃えすることができる。これらの理由から，ネット通販専業者のみならず実店舗を持つ小売業者や生産者もネット通販事業に参入する事例が増えている。これらが背景となりネット通販が拡大している。

　このようにネット通販は，商品やサービスを消費者に提供する流通チャネルのひとつとして重要性が増しており，消費者の購買活動においても欠かせない流通チャネルとして位置づけられている（魏，2021：243）。

2．商品のブランド戦略と流通チャネル

　上記のネット通販のように，企業が自社商品の認知度を広げたり，その価値を高めたりするために，自社の商品販売計画に沿って行うブランド戦略も生産者と流通業者の関係に大きな変化をもたらしている。その変化がよくわかるものとして，ナショナルブランド（NB：National Brand）とプライベートブランド（PB：Private Brand）の存在がある。NB は，生産者が企画・製造する商品に使用するブランドのことである。このため，NB 商品の流通は，生産者がチャネルリーダーとして主導権を握っており，日清食品のカップヌードルやサントリーの伊右衛門などがそれである。一方，PB は，小売業者や卸売業者などの流通業者が開発した商品に使用するブランドのことである。流通業者が商品開発を行い，その商品の生産は OEM 契約[6]を結んだ生産者が担当している。このように生産された PB 商品は，競合企業との差別化がしやすく，NB 商品に比べて利益率が高いというメリットから，大手流通業者による PB 開発が活発

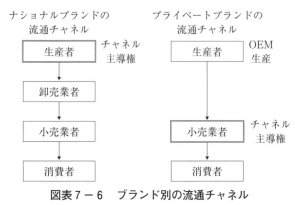

図表7－6　ブランド別の流通チャネル

出所）筆者作成

化している。これらのメリットに加え，POS システム[7] で得られたデータを活用し，消費者が求めている商品を提供できるようになったことも大手流通業者の PB 開発を後押しした。流通大手であるセブン＆アイグループのセブンプレミアムや生活協同組合の CO・OP などがそれである。流通業者が PB を開発することにより，これまでの商品流通において主導権を握っていた生産者と流通業者がチャネルリーダーを巡る争いの構図が顕在化してきた。

　こうしたブランド戦略は，チャネルリーダーを巡る争いだけでなく，商品の流通チャネルにおいても大きな違いがある。図表7－6が示すように，生産者が主導権を握っている NB 商品は，生産者から販売会社や代理店などの卸売業者を経由して小売業者に商品が流れている。すなわち，ほとんどの NB 商品は日本独特の複雑な流通チャネルを辿っている。一方で，流通業者が主導権を握っている PB 商品は，製造依頼を受けた生産者から小売業者に直接商品が流れるため，NB 商品に比べて流通チャネルが大幅に簡素化されている。

　このように流通チャネルは，企業のブランド戦略とも強い関わりを持っており，効率的な流通チャネルを構築する際には，商品流通の視点だけでなく，企業のブランド戦略も十分に考慮しなければならない。

【注】

1）取引総数極小化の原理とは，商品取引において流通業者が介在することで，生産者と消費者が商品を直接取引するときよりも取引数が減少するという原理である。

2）リテール・サポートとは，卸売業者などが従業員教育や販促支援，売場作りなどについてアドバイスを行い，小売業者の経営を支援することである。

3）製造小売り（SPA：Speciality store retailer of Private label Apparel）とは，アパレル業界が採用しているビジネスモデルで商品の企画から製造，販売に至るまでをひとつの企業が統合したものである。

4）チャネルリーダーとは，規模やブランド力などが高い企業が商品流通において主導権を握り，流通チャネルをコントロールする企業のことを指す。

5）商圏とは，小売店舗が集客できる範囲のことをいい，顧客の来店頻度が高い範囲を一次商圏，それより来店頻度が低い範囲を二次商圏という。

6）OEM（Original Equipment Manufacturer）契約は，委託者である流通業者が自社のブランドで商品を販売するために，生産者に商品の製造と供給を委託する契約である。

7）POS（Point Of Sales）システムは，販売時点情報管理システムのことであり，商品に付けられたバーコードを読み取ることで商品別の売上や在庫などを効率的に管理することができるのはもちろんのこと，それらの情報は商品開発やプロモーションなどにも用いられている。

【引用・参考文献】

Kotler, P. & Keller, K. L.（2007）*A Framework for Marketing Management,* 3rd Edition, Prentice Hall.（恩藏直人監訳，月谷真紀訳〔2014〕『コトラー＆ケラーのマーケティング・マネジメント　基本編　第 3 版』丸善出版）

魏鍾振（2021）「第11章　通信販売」坪井晋也・河田賢一編著『流通と小売経営　改訂版』創成社

大野哲明（2016）「第15章　チェーンストアシステムの展開」番場博之編著『基礎から学ぶ流通の理論と政策　新版』八千代出版

河田賢一（2021）「第 1 章　流通と商業」坪井晋也・河田賢一編著『流通と小売経営　改訂版』創成社

グロービス・マネジメント・インスティテュート（2008）『新版　MBA マーケティング』ダイヤモンド社

清水聡子（2007）「第 8 章　流通チャネル・デザイン」西尾チヅル編著『マーケティングの基礎と潮流』八千代出版

バルーク・ビジネス・コンサルティング編，高瀬浩（2005）『ステップアップ式 MBA マーケティング入門』ダイヤモンド社

高橋秀雄（2012）「マーケティング・チャネル研究の在り方について」『中京企業研究』34(1)：1-14

中央職業能力開発協会編（2011）『マーケティング3級』社会保険研究所

松井博代（2017）「流通チャネル統合のシステム」『マーケティング基礎読本　増補改訂版』日経BP社

柳哲守（2006）「第9章　流通経路政策」竹内慶司編著『市場創造—顧客満足とリレーションシップ』学文社

【レビュー・アンド・トライ・クエスチョンズ】

・流通チャネルの組織化戦略についてまとめてみよう。
・ブランド戦略ごとの流通チャネルについてまとめてみよう。

いっそうの学習を進めるために

崔相鐵・石井淳蔵（2009）『流通チャネルの再編』中央経済社
　　流通チャネルに関する最新の理論や市場環境変化に対応した今後の流通チャネル戦略の学習にお勧めしたい。

渡辺達朗・久保知一・原頼利（2011）『流通チャネル論—新制度派アプローチによる新展開』有斐閣

第8章　プロモーション戦略

●本章のポイント●

　この章では，プロモーション戦略について，まずコミュニケーションの手法を整理することから始め，それぞれの手法のメリット・デメリットを説明する。人的販売は深いコミュニケーションができるが接触範囲が狭い等，特性を活かしたコミュニケーション手法の決定が重要である。次に，近年では様々なコミュニケーションのチャネルがあり，それらを統合管理することが重要であることを説明する。特にオンラインとオフラインを統合したコミュニケーションが重要であり，実現には様々な情報技術を組み合わせる必要がある。最後に，コミュニケーションにおけるストーリーの重要性，そしてストーリーを伝えるためのコミュニケーション全体設計の方法を説明する。ぜひあなたが担当する商品・サービスのストーリーを考え，カスタマージャーニーを作成してみてほしい。

Keyword

コミュニケーション，人的販売，広告，パブリシティ，セールス・プロモーション，ソーシャル・ネットワーク，クチコミ，オムニチャネル，OMO，D2C，カスタマージャーニー

　世の中には製品やサービスが溢れている。そして，それらは様々な方法でその存在や魅力をあなたに訴えかけており，意識しているかどうかはさておき，あなたの購買行動に影響を与えている。例えば，電車に乗り，スマートフォンでSNSを開けば，フォローしているインフルエンサーがお気に入りの商品を投稿している。あなたはその投稿をクリックし，商品を紹介しているホームページを軽く眺める。会社に着いてブラウザを開けば，調べ物をするために開いたサイトには，あなたがクリックした商品のバナー広告が出現し，思わず購入を後押しされてしまうこともあるだろう。ターゲットが製品・サービスを購買す

るまでには，商品・サービスを認知し，関心を持ち，購入意欲が高まり，購入にいたる様々なプロセスがある。このような認知から購入にいたる一連のプロセスを促進するコミュニケーション設計を「プロモーション戦略」という。

　プロモーション戦略は近年では「コミュニケーション戦略」とも呼ばれる。それは，デジタル技術の発展によって，企業が一方的に情報を発信するだけでなく，ユーザーがその情報に反応することができるようになったからである。デジタル上では，ユーザーは企業からの情報に対し，「いいね」をつけ，コメントし，共有し，評価を投稿することができる。そして企業はその反応を見て，どのようなメディアで何を発信していくのか，今後のコミュニケーションを工夫することができる。このように現代の消費行動には，企業とユーザーの相互のコミュニケーションが密接に関わっている。この章では，コミュニケーション戦略について，手法のメリット・デメリットの整理から始め，それらの手法を統合し，設計する方法について解説する。また，デジタル・マーケティングにおけるコミュニケーションの変化についてできるだけ盛り込み，理解を深めていく。

▶▶▶ 第1節　コミュニケーション手法 ◀◀◀

　「広報」と「広告」は何が違うのだろうか。どちらも「情報を伝える」という点では同じだが，いくつかの決定的な違いがある。広報は Public Relations（PR）とも表現されるように，マスコミなどの第三者（Public）による配信・報道を促す活動を指している。一方で広告は企業がメディアの広告枠を買って情報を発信する活動を指している。つまり，広報は費用負担がなく，広告には費用負担がある。

　別の観点でも考えてみよう。メディアがニュース番組で取り上げた情報とCMで発信されている情報，あなたはどちらの方がより信用できる情報だと感じるだろうか。多くの場合，ニュース番組で取り上げられた情報だろう。このように，広報は情報の信頼性が高く，広告は情報の信頼性が低い。

　ここまでみると，広報は費用負担がなく，情報の信頼性が高いのだから，広

報活動を全力でやるべきではないかと考えたくなるが，そうはならない。なぜなら，広報活動は情報のコントロールがしにくいからである。取材対応に丸一日かかっても，メディアで情報が流れるのは10秒ぐらいかもしれないし，こちらが伝えてほしい情報ばかりを発信してもらえる保証はない。一方で，広告であれば，買った枠の量は必ず発信されるし，こちらが伝えたいことをそのまま発信することができる。つまり，広告には情報のコントロールがしやすいメリットがある。

　このようにコミュニケーション手段にはそれぞれメリット・デメリットがある。それぞれのコミュニケーション手法を踏まえた上で，ターゲットに，どのタイミングで，どのような手法でコミュニケーションするのかを設計することは，コミュニケーション戦略を構成する重要な要素である。また，近年ではオウンドメディア（自社サイト）やブログ，SNSの自社公式アカウント等，企業自らがメディアとなって発信できる方法が次々と登場しているし，YouTubeやTikTok等の動画，ClubhouseやVoicy等の音声等，メディアの種類も多岐にわたっている。コミュニケーション手法は人的販売，広告，パブリシティ，販売促進，クチコミに分類して語られることが多い。しかし，前述のように，デジタルメディアの発達により，特にクチコミはデジタルメディアを中心に拡散する時代になっているため，デジタルを含めた「ソーシャル・ネットワーク」と新たに捉え直し，整理をしてみよう。

1．人的販売

　人的販売とは，顧客と直接コミュニケーションすることで購入につなげる手法を指す。例えば，不動産の営業担当者が顧客と物件を見た後に商談する，システム会社の営業担当者が企業の課題をヒアリングし，自社のシステムを提案する，アパレルショップの店員が顧客と相談して買うべき商品を提案する，等の行動はすべて人的販売である。

　人的販売の最大のメリットは，顧客の課題をヒアリングしながら，課題解決につながる価値を個別提案することができる点である。例えば，顧客が業務を

デジタル化できずに困っていたとする。適切な提案をするためには，どのような業務が，どのような点でデジタル化できずにいるのか，ヒアリングする必要があるだろう。このような顧客の課題を深掘りして提案することは，一律の内容になりやすい広告や広報などの他のコミュニケーション手法では実現が難しい。他のコミュニケーション手法と比較すれば，最も「深いコミュニケーション」をすることができるのが，人的販売の特性であるといえる。したがって，不動産や車などの高額な価格帯の製品や，顧客の課題をヒアリングしなければ提案ができないコンサルティングやシステム開発等のサービスでは，多くの場合で人的販売がメインのコミュニケーション手法になっている。

　一方で，人的販売のデメリットとして，一人ひとりの営業担当者がコミュニケーションできる接点の範囲や量が限られる点があげられる。SNSで1日に1万人に情報を見てもらうことは可能だが，一人の営業担当者が1日で1万人と直接コミュニケーションすることは不可能だろう。リモートワークの推進により，移動時間の制約は低くなってきているものの，顧客との接点の範囲を広げたければ，人の数を増やすことにならざるを得ない。人を増やせば，人件費も比例して増えることになる。また，担当者それぞれのスキルが結果に影響しやすい点もデメリットとしてあげられる。

2. 広　　告

　広告とは，企業がメディアの広告枠を購入し，自社の情報をそのメディアから配信する手段である。代表的なメディアとして，テレビ，ラジオ，雑誌，新聞等のいわゆる「マスメディア」があげられる。どのメディアも広告枠を販売しており，企業はその広告枠を購入して，広告を掲載することができる。また，電車やバスなどに掲出されるポスターやデジタルサイネージ等の交通広告や，ビルや道路などに設置されている看板も広告にあげられる。

　これらのメディアの広告枠は，それぞれがリーチする顧客層（年代・エリア・性別・好み等）とおおよその人数をもとに，広告枠の費用が決定されている。企業はメディアが準備している顧客層・人数のデータを参考にしながら，どの

メディアにどの程度の出稿をするのかを決めていく。これらのデータを分析し，妥当な出稿量を決定するには高い専門性が求められる。また，メディアごとに一つひとつ契約を結んでいくことは非常に手間のかかる作業である。そのため，通常は広告メディアの契約は広告代理店を通して行う場合が多い。この場合，広告代理店に企業側の要望や条件を明確に伝えておくこと，広告代理店と綿密なコミュニケーションを取っておくことが効果の高い広告出稿を実現する上で重要である。

　また，企業自らがメディアを持つことも一般的である。ダイレクトメールやオウンドサイト（自社サイト）等も広告の一種とみなすことができる。これら自社メディアはマスメディアに比べれば低い費用で発信することができる一方で，自ら顧客とのネットワークを築く必要があったり，メディアを運用する人的な負荷があったりする等のデメリットもある。

　広告の最大のメリットは，発信する内容や範囲（量）を自らコントロールできることにある。発信する情報や伝え方を企業側で決めることができ，虚偽の内容でなければ比較的自由にメッセージを発信することができる。また，配信したいエリアも比較的容易に決めることができる。日本全国に配信することもできるし，特定の市区町村や路線に絞った出稿も可能である。人的販売であれば，人を採用し，育成しなければ範囲の拡大が難しいことと比較すれば，配信エリア・量を容易にコントロール可能であるといってよい。

　一方で，広告のデメリットとして，費用が高額になりやすいことがあげられる。広告枠を購入する，広告を制作する，Webサイトを制作する，すべてに費用が発生するし，広範囲に配信しようとすればそれに比例して費用が上がっていく。また，広告はあくまで自らが発信していることであるため，広報（パブリシティ）ほどの信頼性は得られない場合が多い。また，人的販売のように顧客に合わせた深い提案もしづらいため，一律のメッセージを配信するに留まる場合も多い。

３．パブリシティ

　パブリシティとは，メディアがニュース等で企業の情報を配信することや企業側がそれを促すコミュニケーション全般のことをいう。広告と同様，テレビ，ラジオ，新聞，雑誌をはじめ，近年ではネットニュースに取り上げられることも一般的になってきている。企業はメディアに取り上げてもらうために「プレスリリース」を出し，発信したい情報をメディアに配信する。これはFAX・メールで直接送付する場合もあるし，PR TIMES等の配信サービスを利用する場合も多い。広報とは英語でPublic Relations（PR）と訳される。メディアの目に留まるためには，メディアにとって価値ある情報を発信することだけでなく，日頃からメディア（Public）との関係性（Relations）を構築しておくことが重要である。

　パブリシティのメリットは，情報の信頼性である。自ら発信しているわけではなく，メディア側が「発信する価値がある」と評価をし，限られた放送時間・配信枠の中で流しているため，視聴者にとっては価値がある，信頼性がある情報だと捉えやすい。また，配信するために費用がかからないため，人気の高い番組等で取り上げられた場合には，広告費用を全くかけることなく，メディアの配信のみで顧客に十分なリーチを獲得することもあり得る。

　一方，パブリシティのデメリットとして，どのように情報が発信されるかコントロールがしにくい点があげられる。せっかく取材されても，放送が数十秒だけである場合や，放送自体がなくなってしまうこともある。また，企業側が意図しない内容やタイミングで発信されてしまう場合もある。このようなことを完全に防ぐことはできないが，広報担当者がメディアの記者と綿密なコミュニケーションをすることで軽減する努力は必要である。

４．販売促進（セールス・プロモーション）

　販売促進（セールス・プロモーション）は，広告と近いコミュニケーション手段である。広告がメディアの広告枠を通して情報を発信し，購買を間接的に促す形をとるのに対し，販売促進はポイントカードやクーポン券といった形で，

購入を直接的に訴えかけるサービスを行う手法である。販売促進にはメディアのような決まった形はなく，アイデア勝負である。ポイントカードやクーポン券は代表的な形だが，締切までに買うと特典をつけたり，2つ買うと大幅な割引をしたりすることも販売促進の形のひとつである。「あと一歩，何かあると購買にいたる」という段階，つまり消費意思決定プロセスの最終段階にいる顧客に対し，「あと一歩」を促す「今，買う理由」を与えることが重要である。

　販売促進のメリットは，アイデアしだいで費用をあまりかけずに購買につなげることができる点にある。例えば，ポイントやクーポンは，使用があった場合に売上げは減少するものの，費用がかかるわけではない。ポイントやクーポンを導入した結果として，顧客数や顧客単価を増やすことに成功すれば，費用をほとんどかけずに売上げを増やす結果となる。このようにアイデア次第で費用対効果の高い施策を実施できることは，広告に大きな予算を使用することができない中小の店舗に向いている点である。個人商店などの小さな規模であっても導入しやすい手法である。

　一方で，販売促進のデメリットとして仕組み作りや運用の手間がかかることがあげられる。例えば，ポイントカードやクーポンを導入する場合，どのようなルールでポイントを加算するのか，いくら割引にするのか，売上げの減算処理はどのように行うのか等，仕組み作りには一定の手間がかかる。また，ポイントカードに個人情報を紐づけるなら，個人情報管理などの運用も必要である。

5．クチコミ

　クチコミとはオンライン・オフラインでのユーザーからの商品評価や紹介のことである。デジタルメディアの普及とともに急速に拡散しやすくなっており，ここでは，クチコミを広く捉え，ソーシャル・ネットワークとして説明する。

　ソーシャル・ネットワークのキーワードは，SNSとインフルエンサーである。かつて最も重視されていたのは，アマゾンや楽天に代表されるeコマースでのクチコミ評価だった。現在においても購入に影響を与える重要な要素だが，クチコミを偽装する業者の存在や，捨てアカウントで過剰に高い（低い）評価を

つける手法などが明らかになり，eコマースでのクチコミの評価は揺らぎ始めている。一方で，SNSでフォロワーを多く集めるインフルエンサーが紹介する商品・サービスが購買に大きな影響を持ち始め，2021年度には「TikTok売れ」という流行語が誕生した。品質や話題性が高い商品・サービスは，ソーシャル・ネットワーク経由で売れやすくなっているといえる。

　また，インフルエンサーがテレビショッピングのように商品を紹介，販売する「ライブ・コマース」も普及し始めている。全く知らない人物，偽装しているかもしれない人物のクチコミよりも，自分が信頼しているインフルエンサーのクチコミの方がより影響を持つようになった。中国では，特に購買に影響力が高いインフルエンサーはKOL（キーオピニオンリーダー）と呼ばれ，一般的なインフルエンサーとは区別されている。

　企業においては，インフルエンサーをマーケティングに活用する動きが活発になり，インフルエンサー・マーケティングと呼ばれている。企業が費用負担をして，インフルエンサーというメディアを通して情報発信をするという意味では広告に近く，費用も高額になりつつある。しかし，いかにも広告的な情報発信のやり方では，ステマ（ステルス・マーケティング）と呼ばれ，反対にユーザーからの反感を買う結果になる場合も多い。広告のようにコントロールがしやすい手法ではない。

　インフルエンサー・マーケティングでは，いかにインフルエンサーとマッチする発信にできるかが重要である。例えば，東京ディズニーシーがタレントの渡辺直美とコラボした事例では，渡辺直美がInstagramに投稿してきたカラフルな世界観と東京ディズニーシーの世界観がよくマッチし，大きな反響があった。また，このコラボでは#PRのハッシュタグをつけ，PR案件であることを明示した上で行っており，ステマ評価を回避する対策も取られている。このようにインフルエンサーとマッチしたコラボが実現できた場合には，大きな効果を発揮することができるのがインフルエンサー・マーケティングの魅力である。

　一方で，インフルエンサー・マーケティングで「炎上」をしてしまったケー

手　法	内　　容	主なメリット	主なデメリット
人的販売	顧客と直接コミュニケーションすることで購入につなげる	課題をヒアリングして個別提案できる	・接点の範囲や量が限られる ・スキルに依存
広　　告	・メディアの広告枠を購入し配信 ・自社メディアから配信	発信する内容や範囲（量）をコントロールしやすい	・費用が高額になりやすい ・信頼性が低くなりやすい
パブリシティ	メディアがニュース等で企業の情報を配信することを促進する	・情報の信頼性が高い ・費用がかからない	どのように発信されるかコントロールしにくい
販売促進（セールス・プロモーション）	購入を直接的に訴えかけるサービスを行う	アイデアしだいで費用対効果を出しやすい	仕組み作りや運用の手間がかかる
クチコミ	オンライン・オフラインでのユーザーからの商品評価・紹介	・品質や話題性で口コミになりやすい ・購買に強い影響を与えられる	・炎上リスク ・費用が高額になりつつある

図表 8 − 1　コミュニケーション手法の主なメリット・デメリット

出所）筆者作成

スも珍しくはない。2022年 1 月には TikTok の運営会社の日本法人が，社名を名乗らずにインフルエンサーに報酬を支払い，Twitter 上で動画を拡散する依頼をしていたことが明るみになり，批判の対象になった。広告の発注と捉えれば一般的なことであるが，広告であることを明示しなかったことで，「ステマ」であると捉えられた事例である。このように，ソーシャル・ネットワークでは，広告・PR であることを明示したコミュニケーションをすることが重要である。

▶▶▶ 第 2 節　統合型マーケティング・コミュニケーション ◀◀◀

　あなたがある企業の経営者だとしよう。会社の命運をかけ，製品開発部は新製品を開発した。社長のあなたからみても，それは満足のいく出来栄えになっている。この新製品の売上拡大に全力を尽くすよう，あなたは全社に大号令をかけ，各部門は戦略を検討し始めた。広報部はさっそく CM や広告の制作に

取りかかり，広告代理店を通してマスメディアの広告枠を押さえた。さらにプレスリリースを準備し，なじみの記者たちに記者発表実施の案内を送った。営業部は小売店をまわり，売場担当者に新商品を売ってもらえるよう説明資料や商品POPを作成し，手分けしてまわった。

　さあ，いよいよ発売日当日。全国に流れ出したCMではそのデザイン性の高さを前面に出し，若者に人気のトップアイドルをキャスティングしている。記者発表では，大学教授をゲストに招き，その機能性の高さを解説した。小売店の売場担当者は営業の説明資料のとおり，ファミリー向けのコーナーに商品を配置し，「安さが魅力！」と書いてあるPOPを貼り付けた。結果，想定していた売上げには全く届かず，マーケティングは失敗した。消費者はきっとこのように感じたに違いない。「一体，この商品の魅力は何なんだ？」

　これは説明のために誇張したストーリーだが，似たような話は企業のあちこちで発生している。「営業担当者によって言うことが違う」であるとか「広告で言っていることと実際の商品が違う」といった感覚は，社会人であれば誰もが一度は経験したことがあるだろう。顧客に製品・サービスの価値を正しく認知してもらうためには，様々なチャネルで行われるコミュニケーションを統合しなければならない。すなわち，同じターゲットイメージを共有し，どのような価値を，どのタイミングで，どの手段で伝えていくのか，マーケティング・コミュニケーション全体を設計する必要がある。

　すべてのコミュニケーションで統合した価値観，メッセージを伝えていくことには，大きな意味がある。それは，統合した価値観・メッセージは，製品・サービスのブランド・イメージを築くということである。あなたは，トヨタの自動車にどのようなイメージを持っているだろうか。トヨタはブランド・イメージとして「壊れにくい」「堅実」「安全性が高い」等のイメージを持っているといわれる。これはトヨタがこれまでにつくってきた車の品質，価格，CM，販売店での人的販売など，すべての要素が合わさってつくられている。企業名や製品・サービス名を聞いたときに思い浮かぶイメージ，それがブランドである。製品・サービスイメージがブランドにまで達したものは，それほどプロモーショ

ンをしなくても購入の対象になりやすくなる。プロモーションをせずとも，消費者の頭の中にブランド・イメージが思い浮かぶからである。このような段階にまでいったブランド・イメージをブランド・エクイティという。エクイティは「資産」の意味である。ブランド・イメージ自体が企業の無形資産として機能している状態だといえる。

　このように，マーケティング・コミュニケーションを統合し，企業のブランド・エクイティの構築を目指すことを統合型マーケティング・コミュニケーションという。統合型マーケティング・コミュニケーションでは，マーケティング・ミックスを4Pではなく4Cで捉える。4P，すなわち製品（Product），価格（Price），流通（Place），プロモーション（Promotion）は企業側からみた考え方である。顧客側の立場に立てば，製品は顧客価値（Customer Value），価格は顧客が負担するコスト（Cost），流通は顧客の利便性（Convenience），プロモーションは顧客とのコミュニケーション（Communication）と考えることができる。

　例えば，製品で捉えると伝える点がバラバラになってしまいがちだが，顧客価値（Customer Value）で定義すれば，どのような価値を伝えていくべきなのか明確になる。価格を顧客が負担するコスト（Cost）と考えれば，単に商品・サービスの価格ではなく，商品購入（あるいは購入後）までのプロセスや時間まで含めて考えることができる。流通を顧客の利便性（Convenience）と考えれば，既存のチャネルで販売することが最適なのかを考えるきっかけになる。そして，顧客へのプロモーションではなく，顧客とのコミュニケーション（Communication）と捉えることで，顧客の反応を受けてコミュニケーションを工夫する発想が生まれる。4Cで捉えなおすことで，どのような価値をどうやって伝えていくのかを企業全体として考えるきっかけにすることができる。

　ここからは，統合型マーケティング・コミュニケーションにおける，近年のトレンドを解説していこう。まずオムニチャネル。多様なコミュニケーションチャネルを統合しシームレスな購買を実現することを指す。次に，OMO（Online Merges with Offline）。リアルとオンラインを融合したコミュニケーションを指し，コロナ禍でデジタル化の比率が進んだことでその重要性が急速に高まって

いる。最後に D2C（Direct to Customer）。中間業者をはさまずに，自社の EC サイトを構築し，メーカーが顧客に直接販売することを指す。技術の進展により EC サイトを構築するコストが劇的に下がったことでトレンドになっている動きである。

1．オムニチャネル

　「オムニ（Omni）」とは「全」や「総」の意味である。すなわち，「すべてのチャネル」という意味であるが，「システムを導入することによって，すべての販売チャネルを統合する」というのが実質的な意味に近い。この背景には，そもそも旧来型のシステムでは，チャネルごとにシステムが構築してあることが多く，販売チャネルごとの情報共有がタイムリーになされない等の弊害があったことがある。例えば，システムがわかれていると，EC サイトに在庫ない場合に，近くの店舗に在庫があることを表示したり，EC サイトで購入したものを店舗で受け取ったりすることができない。特にオフライン（店舗）とオンライン（eコマース）のチャネルを統合するには，新たなシステム導入が必要だった。

　ここで，オムニチャネルの事例として無印良品をみてみよう。無印良品は家具，衣料品，食品などを製造から販売まで手掛け，MUJI ブランドで海外展開し，世界的にも有名な企業である。無印良品は2013年にオムニチャネルの仕組みとして「MUJI passport」を導入した。MUJI passport では，アプリでネット購入ができるだけでなく，ネットで在庫がない場合に近くの在庫がある店舗を調べることができる。また，ネットで購入したものを店舗で受け取ることもできる。これによって前述したオフラインとオンライン統合の課題を解決している。

　さらに，アプリの購入履歴では，店頭で買ったものも，ネット購入したものも統合して表示され，無印良品の商品の何をいつ買ったのかを簡単に知ることができる。これによって，無印良品側では，オフラインとオンラインを統合した形で，顧客の行動分析をできるようになった。MUJI passport が導入されるまでは，店舗ごとの売れ筋はわかっても，個人情報と紐づいていないため，どのような顧客がどの商品を買っているかを分析することができなかった。また，

店舗での購入とネットでの購入を結びつけることが難しく，顧客がどのような商品を店舗・ネットで買うのかを統合して分析することができなかった。MUJI passport の導入により，顧客属性に応じた購買傾向をつかむことができるようになり，商品開発，商品の品揃え，顧客への訴求の考案など，様々な業務の改善につながった。

2．OMO

OMO は Online Merges with Offline の頭文字を合わせた造語である。「オンラインがオフラインと融合する」との文字通り，オンライン・オフラインのコミュニケーションを統合することを意味する。それでは，オムニチャネルとは何が違うのだろうか。オムニチャネルではチャネルを統合することで，シームレスな購買体験を実現することに重きがおかれている。チャネルが複数にわかれていることで発生する不便さを取り除く発想である。例えば，在庫管理であれば，オンラインとオフラインで別々に在庫管理をすると，在庫不足があった場合にタイムリーに対応できない。このような不便を解消するものである。一方で，OMO はオンラインとオフラインを統合するからこそできる購買体験を実現することに重きがおかれている。つまり，チャネルを統合することで付加価値を高める発想である。

例えば，「ニトリのリフォーム」では，オンライン接客システム「LiveCall（ライブコール）」を導入し，ショールームからタブレット端末でリフォーム相談ができる体制を構築した。店舗でスタッフが対応できない場合でも，即座にリフォーム相談ができるようになり，オンライン・オフラインを融合することで付加価値を高めた事例であるといえる。

さらに，OMO で新しい業態を実現させた事例をみてみよう。サントリーが提供している「TOUCH-AND-GO COFFEE Produced by BOSS」は，LINE で事前に注文・決済しておくことで，店舗で味やパッケージを自分好みにカスタマイズしたコーヒーを受け取ることができる新しいコーヒーショップの形態である。自動販売機では即座に買うことはできても，カスタマイズした商品を

買うことはできない。コーヒーショップではカスタマイズしたコーヒーを注文することはできるが，即座に買うことは難しい。TOUCH-AND-GO COFFEE は「CUSTOM but FAST」をコンセプトにしている。オンラインとオフラインを融合することで，自動販売機とコーヒーショップのいいとこどりを実現したこの業態は，OMO の成功事例といえるだろう。TOUCH-AND-GO COFFEE はメディアでのプロモーションをほとんど実施していなかったにもかかわらず，「推しボトル」がつくれると SNS で話題になり，午前中で売り切れが続く状態が発生したという。

　TOUCH-AND-GO COFFEE のような業態を実現するためには，どのようなことが必要か考えてみよう。まずは，オンライン上でカスタマイズした商品を注文し，決済まで完了できる仕組みの導入が必要である。次に，注文データを店舗とリアルタイムで連携し，受け取り時間までに商品を準備する仕組みも必要だ。ドリンクやパッケージの在庫管理をオンラインに連動し，売り切れになったものはリアルタイムに注文を止めることも必要だろう。これには IoT（Internet of Things）の機能を備えた在庫管理の機器が必要である。また，顧客情報を管理するためのシステム（CRM システム）や，より顧客にフィットした商品を自動でレコメンドできるようなマーケティングオートメーション（MA）の仕組み等もあった方がよいだろう。このように OMO は，ひとつのシステムを導入するだけで実現できるものではなく，システム開発，IoT 機器の導入，SaaS（Software as a Service）との連携等，様々な情報技術を組み合わせて実現できるものである。

3．D2C

　D2C とは「Direct to Customer」の略語である。「顧客に直接」とは何を意味するかといえば，小売店等の中間業者をはさまずに，メーカーが直接顧客に販売することである。一般的に，メーカーが商品を製造したあとは卸売業者や小売業者等の中間業者に販売し，中間業者が顧客に販売を行う。ここでメーカー側からみると，いくつかの課題がある。

　まず，中間業者をはさむことで，マージンがとられる。EC サイトであって
も同じことで，アマゾンや楽天等を通して販売する場合は，メーカーはアマゾ
ンや楽天に手数料を支払うことになる。また，中間業者をはさめばメーカーが
販売してほしいようには売ってくれないことも多いだろう。中間業者は多くの
商品の中から，限られたスペースで扱う商品を決める必要があるからだ。EC
サイトでは売場スペースの問題はないが，すべての商品を同列に扱うわけでは
なく，スポンサー料を支払った企業の商品が目立つ場所に表示されることにな
る。さらに，顧客への販売情報の入手が限られることも課題である。どのよう
な属性の顧客が購入しているのか，中間業者から提供されるデータの範囲でし
か知ることができない。

　このように，中間業者をはさむことにはデメリットがあるにもかかわらず，
なぜこれまで頼らざるを得なかったのだろうか。ひとつには，集客である。メー
カーが独自に集客することは，かつては非常に難しかった。また，EC サイト
を制作しようにも制作に関わるコストが高額であったため，中小企業が手を出
すことは難しかった。しかし，近年では Web や SNS を活用することで，メー
カーが多大なコストをかけずとも集客できる環境ができてきた。また，Shopi-
fy や BASE など，EC サイトを簡単に始めることができるサービスも登場した。
これらの技術的な変化を背景に，メーカーが顧客に直接販売する D2C の動き
が増加してきているのである。

　D2C の事例として BULK HOMME（バルクオム）をみてみよう。BULK
HOMME はメンズスキンケア製品を主力に扱っているブランドである。化粧
品は力のある競合が数多くいる業界である。また，顧客は圧倒的に女性が多数
派であり，メンズスキンケアの化粧品は小売店では販売がしにくい商品であっ
ただろう。BULK HOMME は Instagram を中心としたコミュニケーションを
展開し，SNS 上で認知を獲得。EC サイトでの定期購入サービスで固定客を獲
得することに成功し，中間業者を介さずに事業を展開している。SNS で集客し，
自社 EC サイトで直接販売をする D2C モデルで成功している企業だといえる
だろう。

▶▶▶ 第 3 節　価値創造と Story Telling ◀◀◀

1．価値を創造するストーリー

　あなたが買い物をしていると，石が売られていたとしよう。何ら変わったところのない石で，その辺を探せばいくらでも落ちていそうな石である。値札には 1 万円と書いてある。あなたは買うだろうか？　もちろん買うことはなく，通り過ぎることだろう。しかし，例えばその石が，あなたが大好きな俳優が，お気に入りのドラマの名シーンで手に取った石だったとしたらどうだろう。1 万円出してでも買いたいと思うかもしれない。例えばその石が，あなたの子どもがあなたの誕生日に初めてプレゼントしてくれた石だったとしたらどうだろう（そんな石が売られているはずがないことはさておき）。そこには，もはや値段がつけられないほどの価値があるかもしれない。

　いずれのケースでも，売られているのは石である。石そのものの価値は変わらない。しかし，そこに付加されているストーリーによって石そのものにはない価値が創造されていることがわかる。同様にストーリーが価値を創造している例は，実際の商品・サービスにも多くある。有名な事例は Apple（当時は Apple Computer）が1997年から開始した Think different 広告キャンペーンである。1997年当時の Apple は，苦境に立たされていた。消費者は離れつつあり，倒産の危機が叫ばれているような状態だった。しかし，会社から追い出されていた共同創業者の一人であったスティーブ・ジョブズが Apple の CEO として復帰し，様々な改革を実行しつつあるさなかであった。

　Think different をキャッチコピーにした CM では，Apple の製品はほとんど出てこず，監視された社会を打ち壊すような描写，世界を変えてきた偉人たちの映像，Crazy Ones（クレージーな人たち）が人間を前進させてきたというメッセージ，そして最後に Think different のキャッチコピー。創業以来の Apple のコアバリューをストーリーとして伝える手法を取った。このストーリーは「なぜ Apple の製品を買うのか」という価値を蘇らせ，Apple が復活する起爆剤になったといわれている。Apple はあらゆる広告で Think different を用いた

キャンペーンを数年間にわたって展開し，そのキャッチコピーのとおり，iMac，iPhone，iPad，iTunes などのイノベーティブな製品・サービスを次々に送り出し，急速に業績を回復させていく。ストーリーが価値を創造した成功事例であるといえるだろう。

2．カスタマージャーニー

ストーリーには価値を創造する強い力がある。しかし，ストーリーを顧客に伝えるには，コミュニケーション全体を設計する必要がある。コミュニケーション全体を設計する際に使われる代表的な手法が，カスタマージャーニーである。カスタマージャーニーとは，ターゲットが商品・サービスを認知し，購買に至るまでのプロセスを区切り，それぞれのプロセスでどのようなコミュニケーションをするのかを考える手法である。認知から購買までをひとつの旅（ジャーニー）として捉え，一つひとつのコミュニケーションで次のプロセスに進める

●大学受験用学習サービスの例

ターゲット	地方中核都市に在住の高校3年生。電車通学。保護者は地元国公立大学に進学を希望。本人は勉強に焦りはあるがまだあまり考えていない。情報収集は主にYouTubeやTikTok。				
プロセス	認　知	情報収集	比較・検討	試　用	購　入
行　動	特に何もしていない	YouTubeで検索友人に聞く	学習サービスのWebサイト閲覧資料請求	無料期間で体験	保護者に相談国公立大受験を決意
心　理	受験生だけど何かした方がいいのかなあ	どんな勉強法がいいのかな	○○の教材がよさそう	わかりやすい！	勉強がんばるぞ
コミュニケーション施策	YouTube・TikTok広告 高校沿線の駅広告	インフルエンサーマーケティング 友人紹介サービス促進	リスティング広告 オウンドサイトの充実	無料体験の実施	オンライン面談早期購入割引

図表8-2　カスタマージャーニーの例

出所）筆者作成

よう顧客をフォローしていく。

　カスタマージャーニーの作成は，まずはターゲット設定を明確にすることから始める。ターゲットの年代，所得，性別，好み，ライフスタイル等，できるだけ詳細に設定した方が考えやすい。この図表では1枚の中にまとめているが，ターゲットを別の資料としてさらに詳細に決めてもよい。このような詳細なターゲット設定をペルソナという。

　そして，それぞれのプロセスでターゲットがどのような行動・心理になりやすいか，どのようなコミュニケーション施策が効果的かを検討していく。

　各プロセスでどのようなコミュニケーションをするべきか，正解は存在しない。顧客の属性，購買の意思決定までのプロセス，製品・サービスの特性などによってケースバイケースである。一般論としては，認知の段階では，広報や広告などの接触範囲の広いメディアをメインにし，購買意思決定に近いプロセスでは人の説明（人的販売）をメインにする考え方をとる場合が比較的多い。しかし，業態によっては認知の段階からクチコミをメインに設計した方が効果的なケースも十分ありうる。製品・サービスのコミュニケーション設計をする際には，カスタマージャーニーを作成してみて，それぞれのプロセスでどのようなコミュニケーションが最適なのかを考えてみてほしい。

【レビュー・アンド・トライ・クエスチョンズ】
- 製品・サービスをひとつ想定し，どのコミュニケーション手法が最適か理由と合わせて考えてみよう。
- 製品・サービスをひとつ想定し，顧客が認知し購入に至るまでのコミュニケーション設計について，カスタマージャーニーを作成して考えてみよう。

いっそうの学習を進めるために

佐藤義典（2006）『ドリルを売るには穴を売れ』青春出版社
　実務でどのようにマーケティングが活用されているかを学習しよう。
森岡毅（2016）『USJを劇的に変えた，たった1つの考え方』角川書店
　実務での知識の活用イメージしやすい書籍として上記2冊を推奨する。

第9章　ブランドマネジメント戦略

●本章のポイント●

　ブランドは，他社の製品・サービスと差別化させるために重要な要素である。また，品質を保証する役割もある。さらにリスクを軽減させる効果も有している。したがって，消費者の意思決定を楽にさせ，安心感を与えることに寄与する。そのため，企業の立場からすれば，ブランドは持続的な収益をもたらすものであり，競争優位の源泉となりうる。このような考えから，企業や組織にとってブランドは重要な資産であると捉えられている。

　企業は強いブランドを構築し，ブランド・エクイティを高めるために，体系的にブランドを管理するブランド・ポートフォリオ戦略を活用している。したがって，ブランドのマネジメントも重要な責務となっている。

　このようなブランドの力を自治体が活用することで，地域を活性化させようとする試みがみられる。地方創生の取り組みを理解するために地域ブランドの概念についても学んでいく。

> **Keyword**
>
> ブランド，ブランド・ネーム，ブランド認知，ブランド再認，ブランド再生，ブランド連想，ブランド・エクイティ，ブランド拡張，ブランド・ポートフォリオ，地域ブランド

▶▶▶ 第1節　ブランドマネジメントの基本 ◀◀◀

1．ブランドの定義

　ブランド（brand）という言葉を日常的に使用するとき，ブランド品や高級ブランドというように表現されることがある。このブランド品という言葉が指し示すものは「ルイ・ヴィトン（Louis Vuitton）」や「エルメス（HERMÈS）」といった高級ファッション関連の製品であったりする。もちろん，これらはブ

ランドで間違いない。しかし，ブランドが指し示すものは高級なものだけに限らない。同じファッション関連の製品で例示するならば，比較的低価格であるユニクロや ZARA もブランドである。ところが，ブランドは高級なものであるという認識はブランドの概念をつかむための糸口になる。例えば，同じような無地のカットソーであったとしてもユニクロとルイ・ヴィトンでは価格が10倍以上違うと考えられるが，ルイ・ヴィトンを積極的に買う人もいるだろうし，買わないまでも高いにはそれなりの理由があるだろうと思う人もいる。このように，価格の差には何か特別理由が存在すると感じさせる力がブランドにはある。つまり，「高級品＝ブランド品」と考えてしまうことにも理由があるといえる。本節ではこのようなブランドと呼ばれる概念を理解するために，いくつかの定義を参照しながら明示していく。

アメリカ・マーケティング協会（AMA：American Marketing Association）は，ブランドとは個別の売り手もしくは売り手集団の商品やサービスを識別させ，競合他社の商品やサービスから差別化するための名称，言葉，記号，シンボル，デザイン，あるいはそれらを組み合わせたもの，というように定義している。

コトラー（Kotler, P.），アームストロング（Armstrong, G.），恩藏直人は，ブランドを，「製品やサービスの製造者や販売者を特定するためのネーム，シンボル，デザインなどを組み合わせたもの」（コトラー，アームストロング，恩藏，2014：176）としている。

また，田中洋はブランドを，「交換の対象としての商品・企業・組織に関して顧客が持ちうる認知システムとその知識」（田中，2017：8）としている。

これらの定義からわかるブランドがもたらす役割とは，製品の製造元を明らかにすることである。そして，他社の製品・サービスと差別化させることである。ブランドはこれらの役割を消費者に伝えるための名称，言葉，記号，シンボル，デザイン[1]である。

2．ネーミングとブランド

ブランド・ネームはブランドのイメージを形成するために重要な役割を果た

す。ブランドにはネーム以外にもロゴやシンボル，キャラクターなど様々な構成要素がある。ブランド・ネームはこれらの要素とつながり，そのイメージをつくりあげている。仮にブランド・ネームが変更されれば，そのブランドに対するイメージがリセットされてしまう可能性があるほど，ネームは重要な位置づけとなる。したがって，変更するのが難しい要素のひとつでもある。ブランドにおけるネーミングとは，ただ名前をつけるということ以上に意味のある要素だといえる。

　ケラー（Keller, K. L.）は，ブランド・ネームを検討するにあたり，いくつかの点（Keller, 2008：147-150＝2010：182-185）を示している。ここでは，ケラーの成果を手がかりにブランド・ネームについて理解していく。ブランド・ネームにおいて重要なことのひとつは，シンプルで発音や綴りが容易なことである。ブランド・ネームがシンプルであることは消費者が理解するという意味において役立ち，記憶や想起が容易な点でも意義がある。逆に発音がしにくかったり，読みにくいという場合はネームがネガティブに作用してしまうこともある。したがって，明確で曖昧さがないブランド・ネームが好ましいといえる。次に，親しみやすく意味があることである。これは消費者が既存の知識構造を利用できる点が重要である。具体的であったとしても，抽象的であったとしても，すでに知っているものであれば，新しく何かを記憶する必要がないため，消費者がブランド・ネームを理解することが容易になる。そして，差別化され，目立ち，ユニークなことである。ブランド再認を高めるためには，ネームによって差別化されていることも必要である。

3．ブランドの起源

　定義からもわかるように，ブランドはある生産者の製品・サービスを別の生産者の製品・サービスと区別するための手段である。このブランドという言葉の起源については諸説あると言われているが，一般的に語られるものとしては，焼印を付けることを意味する古ノルド語の"brandr"から派生したもの（Keller, 2008：2＝2010：2）だといわれている。ある持ち主が自分の所有する家畜を識

別するために印として活用したのが始まりだという説である。また，陶工が自分の作品であることを示すために名前を刻印したり，絵画など芸術作品の作者が署名を入れるというようなこともブランドの起源に関わっているという。このように，製品・サービスを識別したり，製造者を特定する役割を担うためにブランドが活用されてきたということが起源からわかる。ただし，田中はブランドの語源について以下のように指摘している。焼いた鉄で押す烙印という意味は16世紀以降に生じた語用である。そして，今日の商標（trade-mark）という意味で brand が用いられるようになったのは1827年以降のことである。さらに，印を押すための焼き鏝という用法は1828年に初出している。つまり，brand が「商標」と「焼き鏝」という意味で用いられるようになったのは，ほぼ同じ時期の19世紀ということになる。後者（焼き鏝）が前者（商標）の語源である，つまり焼き鏝が商標という使い方よりも先に使われていた，という理解は必ずしも正しくない（田中，2017：7）としている。

4．ブランドの諸機能

(1)　保証機能

　保証機能とは，製品・サービスを提供している企業が，自社の提供物にブランドを付加することによって品質を保証するというものである。大量生産するような製品を取り扱う企業は，製品を安定した品質で提供し続けることが必要となるが，顧客もこれを信頼して購入することになる。企業の立場からすると，ブランドを付加することは一定した品質の製品を提供し続けるという意思表明になる。顧客の立場からすると，購入するにあたっての信頼の証になる。また，誰によって，あるいはどの企業によって作られたかということが明らかにされるため，責任の所在が明確になるという点も信頼につながる保証機能の役割である。

(2)　差別化機能

　製品・サービスにブランドを付加することによって，他社の製品・サービスと識別が可能になる。また，同じブランドが付加されていれば同質のものであ

ると見なすこともできる。例えば一次産品を考えてみると，農作物や海産物には多くの種類が存在するが，いちごやマグロといったそのものの種類で提示された場合，それぞれに個体差があっても，顧客が明確にどのような品種か識別できないかもしれない。この場合，違いがわからないため，価格を判断基準に購買の意思決定を行う可能性がある。しかし，いちごであれば「あまおう」，マグロであれば「大間マグロ」というようにブランドが付加されていた場合，他の農作物や海産物とは違うことを認識できるようになり，価格以外での価値判断で購買につなげることが可能になるだろう。このようにブランドには識別の手がかりとなるような差別化の要素を生み出す力がある。

(3)　想起機能

　保証機能や差別化機能が消費者にとって意味のあるものとして作用するためには，プロモーションなどを含めたマーケティング活動が必要となる。この成果としてブランドは広く知れ渡ることになる。広く知れ渡っている状態では，人々はブランドの特徴を理解し，信頼感を抱いているかもしれない。このようにブランドについて理解していくことや記憶の中に残っている状態がブランドにとって必要となる。記憶に残っていれば購買時の候補としてブランドの名前が思い起こされるが，それだけではなく，ブランドに関するイメージも呼び起こされることになる。想起機能はこのようなことと深く結びついているものである。そして，記憶の想起は，再生や連想との関連でもある。例えば，ルイ・ヴィトンのLVという文字やモノグラムなどの表現を見ることで，高級感や質の良さ，歴史性，ファッション性などを連想することができる。iPhoneあるいはAppleの名前やマークを見た人は洗練されたデザイン性やクリエイティビティ，スティーブ・ジョブズの思想などを感じ取るだろう。このようにブランドが感情や経験と結びついている状態であるならば，顧客の中に特別な価値が生まれていると考えることができる。これはブランド連想に関わることである。また，スマートフォンといえばAppleのiPhone，高級なバッグであればルイ・ヴィトンというように多くの人が思い出すのであれば，それは購買率の上昇にも寄与する。これはブランド再生に関わることである。

5．ブランド認知とブランド連想

⑴　ブランド認知

　ブランド認知とは，ブランドを識別する上での消費者の能力である。端的に
いえば，そのブランドを知っているかどうかということである。ただし，単に
知っているというだけではなく，思い出しやすさや，異なる状況下でも識別で
きるかどうかということも含まれている。ブランドは人々の頭の中に存在する
連想の候補に入らなければ購買につながらないため，ブランド認知は重要な要
素となる。

　ブランド認知を生み出すことには3つの利点（Keller，2008：54-55＝2010：
57-59）がある。ケラーによると，ひとつは，ブランド・イメージを構成する
ブランド連想の形成とその強さに影響することである。消費者のマインド内に
ブランドを印象付けておけば，追加的なブランド連想を容易に学習し蓄積して
いくことにつなげることができる。つまり，ブランドの学習において利点とな
るのである。2つ目は，ブランド認知を促すことで，購入の際に考慮されるブ
ランドの候補に含まれる可能性を高めることである。一般的に消費者はただひ
とつのブランドだけにロイヤルティを有しているわけではなく，いくつかのブ
ランドを考慮している。この考慮の集合に当該ブランドが入れれば，購買の可
能性が高まる。また，このことは他のブランドが考慮の集合から除外される可
能性を高めることにもつながる。3つ目は，ブランド連想がほとんど存在しな
い場合でも，最小限のブランド認知があれば，購買につながる可能性が生じる
ということである。

⑵　ブランド再認とブランド再生

　ブランド再認とは，あるブランドが提示されたときに，消費者がそのブラン
ドに接したことを思い出す能力である。つまり，ブランドの名前，マーク，シ
ンボルあるいはその他の要素を与えられたとき，特定のブランドを認識できる
能力のことである。再認はどこでそれを知ったのか，どのようなものなのか，
何が優れているのかといったことを記憶している必要はなく，どこかでそれを
知ったということが記憶されているだけに過ぎない。例えば，スターバックス

の名前やロゴ，その他のブランドに関わる要素を見たときに，これはスターバックスだと認識することができる能力がブランド再認である。

　ブランド再生とは，消費者がそのブランドに関する手がかりがない状態で，ある製品カテゴリーや，購買状況，使用状況などから，当該ブランドを記憶から呼び起こす能力である。例えば，街を歩いていてカフェで休憩しようと思った時や，ふとコーヒーが飲みたいと思った時にスターバックスが思い起こされれば，ブランド再生が行われたといえる。一般的にブランド再生率が高い方が購買時に検討するブランドの候補に含まれる確率が高くなるといわれている。

　ブランド認知におけるブランド再認とブランド再生の2つについて示してきたが，これらを区別して述べてきたのは，ブランド再認が購買時点で必要な要素であり，ブランド再生が購買時点以前で必要な要素であるというように，それぞれが違った性質を持っているからである。

(3)　ブランド連想

　ブランド連想とは，あるブランドが提示されたとき，その製品カテゴリーや，知識，感情，イメージが思い起こされることである。例えばAppleであれば，「洗練された」「創造的」「使いやすさ」といったことを想起させるだろう。そして，これらは個人の頭の中に存在している一方で，多くの人々の間で共有されたイメージとなっている場合もある。また，これらのイメージはそれぞれが結びついており，ネットワークが形成されている。ブランドから連想される要素が多数で構成されている場合，豊かなブランド・イメージを構築している状態になる。これらのことは，Appleのように豊かな連想を生み出すブランドが強いブランドとして確立していることの一側面を説明する。ブランドが単に識別するためのものではなく，企業にとって重要な意味があるのはこのためだといえる。

6．ブランドがもたらす効果

(1)　消費者に対する効果

　ブランドが持つ機能を通じてもたらされる消費者にとっての重要な意味は，製品・サービスに対する意思決定の単純化である。消費者は製品・サービスに

触れた経験から，どのブランドが自分のニーズを満たしてくれるかということ
を学んでいく。消費者がブランドを認識し，知っていれば，購買の意思決定の
際に悩むことを少なくさせてくれる。これは，製品に関する探索コスト[2]を下
げてくれるということでもある。

　また，ブランドが消費者にとって製品パフォーマンスや価格など様々な点で
満足を提供してくれるという信頼を形作っている場合，消費者はそのブランド
を継続的に購買する可能性がある。ブランドは製品そのものの機能的なベネ
フィットを示すだけではなく，その人のイメージやキャラクターを形作るよう
な装置としての役割も果たす。

　品質を保証する役割もブランドが有する機能であるが，これについても消費
者に恩恵をもたらす。それは有形財のように物理的な属性があるものについて
もそうだが，サービスのような無形のものに対しても効果を発揮し，事前評価
が困難なものの品質や特性を伝える役割を持っている。さらに，品質の保証は
製品・サービスの特性を伝えるだけでなく，リスクも軽減させる役割を持つ。
このようにブランドは消費者の意思決定を楽にさせ，リスクを軽減する効果を
もたらす。

⑵　企業に対する効果

　ブランドが持つ品質保証や差別化の機能は，企業にとっても有用な効果とし
て働く。消費者にとってこれらの機能が意味あるものとして認識されていれ
ば，その成果は企業にとっても利益をもたらし競争力につながる。また，強い
ブランドは容易に模倣できないため，競争優位の源泉となりうる。製品の機能
やデザインを模倣することはできるかもしれないが，消費者や社会の中で確立
したブランドのイメージは容易に模倣することができないからである。ブラン
ドは持続的な収益をもたらすものであり，競争優位の源泉だといえる。

⑶　資産としてのブランド

　ブランドは消費者の購買行動を変化させ，恩恵をもたらす。そして企業にとっ
ては収益をもたらし，競争優位の源泉となりうる。現在のブランド概念は単な
る識別のマークという意味を超えて，企業にとって重要な資産となっている。

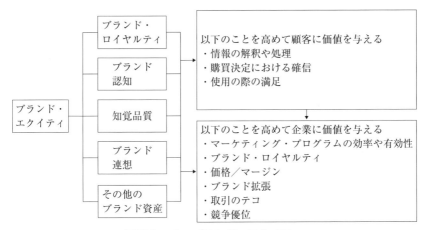

図表9－1　ブランド・エクイティ

出所）Aaker（1996＝1997：11，1991＝1994：22）を基に筆者作成

したがって，ブランドを検討する際に，ブランド・エクイティという考え方が重要になってくる。

　アーカー（Aaker, D. A.）は，ブランド・エクイティを，ブランドの名前やシンボルと結びついたブランドの資産と負債の集合であると定義している。そして，エクイティは，企業や企業の顧客への製品やサービスの価値を増やすか，または減少させるものであるとしている。アーカーはブランド・エクイティを5つの構成要素にまとめている。それぞれ，① ブランド・ロイヤルティ，② ブランド認知，③ 知覚品質，④ ブランド連想，⑤ その他の所有権のあるブランド資産（パテント，トレードマーク，チャネル関係など）である。アーカーはブランド・エクイティが企業や顧客の価値をつくり出す（Aaker, 1991：15-16＝1994：20-21）と述べている。

　ケラーは強いブランドを構築するための手法として顧客ベースのブランド・エクイティ（CBBE：Customer-Based Brand Equity）モデルを提示している。これは消費者の視点からブランド・エクイティにアプローチしているものである。ケラーはCBBEを，あるブランドのマーケティング活動に対する消費者の反応にブランド知識が及ぼす差別化効果と定義している。これらを構成する3つ

> • 製品パフォーマンスの知覚の向上
> • 強いロイヤルティ
> • 競合するマーケティング活動への強い抵抗力
> • マーケティング危機への強い抵抗力
> • 大きな利益
> • 価格上昇への消費者の非弾力的反応
> • 価格下落への消費者の弾力的反応
> • 流通業者からの大きな協力と支援
> • マーケティング・コミュニケーション効果の増大
> • ライセンス供与機会の可能性
> • ブランド拡張機会の増加

図表9－2　強いブランドを持つことのマーケティング上の利点

出所）Keller（2008＝2010：51）

の要素として，差別化効果，ブランド知識，マーケティングへの消費者の反応
（Keller, 2008：48-49＝2010：49-51参照）をあげている。このアプローチ方法に
よると，ブランド・エクイティは消費者の反応の違いから生まれる。そして，
この消費者の反応の違いはブランド・マーケティングに影響を及ぼす。図表9
－2はブランドが消費者に好ましいと評価されている状態，つまり，強いブラ
ンドがマーケティングに与える影響について示している。

　また，ケラーは強いブランドを構築するための段階として顧客ベースのブラ
ンド・エクイティ・ピラミッドを提唱している。ケラーによれば，ブランド構
築には4つの段階（Keller, 2008：59-60＝2010：66-67）を達成していく必要が
あるという。

① 　ブランドと顧客とのアイデンティフィケーション（同一化），顧客のマ
　　インド内にあるブランド連想と特定の製品クラスや顧客ニーズとのアイデ
　　ンティフィケーションを確立すること。

② 　特定の性質を持つ有形,無形の多くのブランド連想を戦略的に結びつけ,
　　顧客のマインド内にブランド・ミーニング（意味）の総体をしっかりと構
　　築すること。

③ 　ブランド・アイデンティフィケーションとブランド・ミーニングに対し
　　て，顧客の適切なレスポンス（反応）を引き出すこと。

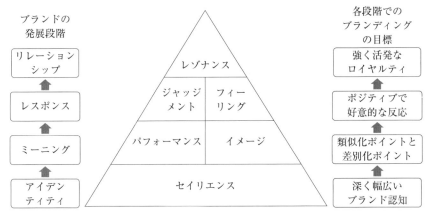

図表9－3　顧客ベースのブランド・エクイティ・ピラミッド

出所）Keller（2008＝2010：68）より作成

④　ブランドへの顧客の反応を変化させて，顧客とブランドの間に強く活発
　なリレーションシップ（関係）を創出すること。

　次に，図表9－3で示した，顧客ベースのブランド・エクイティ・ピラミッ
ドをそれぞれ説明（Keller, 2008：60-74＝2010：68-74）する。

　ブランド・セイリエンスとは，ブランドの突出性のことである。セイリエン
スの創出は，ブランドを簡単に思い出せるかということに関わってくる。つま
り，ブランド再認やブランド再生が容易に行われるかどうかということに関わ
る要素である。

　ブランド・パフォーマンスとは，製品やサービスが，機能面の顧客ニーズを
どの程度満たすかということである。このパフォーマンスには，信頼性，耐久
性，サービスの効果，スタイルやデザインなども関わっている。

　ブランド・イメージは，ブランドの無形の側面に関わりが深く，消費者は自
分の経験から直接，あるいは広告やクチコミのような情報源から間接的に，ブ
ランド・イメージにまつわる連想を形成する。ブランドを形成する無形の要素
には，① 使用者のプロフィール，② 購買状況と使用状況，③ パーソナリティ
と価値，④ 歴史，伝統，経験，がある。

　ブランド・ジャッジメントとは，ブランドに対する顧客の個人的な意見や評価である。その中でも重要なものが，品質，信用，考慮，優位性である。

　ブランド・フィーリングとは，ブランドに対する顧客の感情的反応のことである。ブランドを構築するフィーリングには，温かさ，楽しさ，興奮，安心感，社会的承認，自尊心がある。

　ブランド・レゾナンスとは，顧客がブランドにどれだけ同調していて，どのようなリレーションシップを抱いているかである。ブランド・レゾナンスは行動上のロイヤルティ，態度上の愛着，コミュニティ意識，積極的なエンゲージメントの4つのカテゴリーに分類できる。

7．ブランド拡張

　ブランド拡張とは，企業が新製品カテゴリーに参入するにあたり，既存ブランドを用いることである。これには，新製品を導入する際に既存ブランドを何らかの方法で適用する場合と，新ブランドと既存ブランドを組み合わせて使用する場合がある。

　ケラーはブランド拡張の利点と欠点（Keller, 2008：494-511＝2010：596-614）を次のようにまとめている。

⑴　ブランド拡張の利点

　ブランド拡張の利点のひとつは新製品の受容を容易にさせることである。まず，消費者がすでに知っているブランドであれば，まったく新しいブランドよりも拡張品に対するイメージを向上させることができる。また，知覚リスクも低減させることができる。ブランドに対する評判が良ければ小売業者の仕入れに影響を及ぼすことができるため，流通経路の獲得につながる。プロモーション費用効率も向上させることができる。流通やプロモーションに良い影響を及ぼす場合，マーケティング・プログラムのコストも削減できる。パッケージングやラベリングの効率も向上する。

　2つ目の利点は，親ブランド[3]へプラス要素をもたらすことである。ブランド拡張は消費者に対してブランドの意味を明確にさせる。また，既存のブラン

ド連想を強めたり，既存のブランド連想の好ましさを高めたり，新たなブランド連想を加えたり，これらを組み合わせたりすることによって親ブランドのイメージを強化することができる。さらに，新たな顧客の獲得を可能にする。そして，ブランドを再活性化させることもある。最後に，さらなる拡張の可能性をもたらす。

(2)　ブランド拡張の欠点

　多岐にわたって拡張されている状態，つまり，製品の種類が多い場合に消費者の混乱を招き購買を妨げることがある。また，種類が増えることは小売業者の反発を招くことがある。なぜなら，限られた販売スペースですべてを取り扱うことができないことや，似たような製品であった場合，取り扱う必要がないと考えるからである。拡張の失敗が親ブランドのイメージを損なうこともある。また，成功したとしても親ブランドとカニバリゼーションを起こしてしまうこともある。単一のブランドに複数の製品を結びつけることには，ブランドと製品の一体感を弱めてしまうリスクもある。ブランド拡張品に，対応する親ブランドの連想と一貫性がなく，矛盾するような連想があれば，親ブランドのイメージを損なう可能性もある。さらに，ブランドの意味を希釈化することさえある。最後に，新製品をブランド拡張として導入することは新しいブランドを作り出す機会を逃してしまうことにもつながる。

▶▶▶ 第2節　ブランド・ポートフォリオ戦略 ◀◀◀

1．ブランド・ポートフォリオ戦略とは

　多くの場合，企業は複数のブランドを所有しているが，これらの各ブランド間の相乗効果によってブランド・エクイティを高めていくことが必要となる。また，互いにブランド・エクイティを損ね合うということを避けなければならない。そのために，それぞれのブランドの関係性を把握しながら体系的に管理していくことが求められる。このように企業が複数のブランドを体系的に管理することによってブランド・エクイティを高めていく戦略をブランド・ポートフォリオ戦略という。

　アーカーによれば，ブランド・ポートフォリオ戦略とは，ポートフォリオの構造とそのブランドの範囲・役割・相互関係を明確にするものであり，その目標は，ポートフォリオにシナジー，レバレッジ効果，明確さを持たせ，関連性があり差別化され，活力のあるブランドを創造すること（Aaker, 2004：13＝2005：14）である。

　ブランド・ポートフォリオの目的は，シナジーの促進，ブランド資産の活用，市場関連性の創造と維持，差別化と活力を伴ったブランドの構築と支援，そして明確さの達成（Aaker, 2004：33-35＝2005：39-42）である。このようなことを実現させるために，ブランド・ポートフォリオ戦略は重要である。

2．ブランド・ポートフォリオ戦略の 6 つの次元

　ブランド・ポートフォリオ戦略には 6 つの次元（Aaker, 2004：16-33＝2005：18-39）がある。これらについて次に示していく。

(1)　ブランド・ポートフォリオ

　ブランド・ポートフォリオは，マスター・ブランド（製品・サービスの主軸であり評価の基準点），エンドーサー・ブランド（製品・サービスに信頼性と実体を与える），サブブランド（マスター・ブランドとの連携を高めたり，連想を修正する），ブランド差別化要素，共同ブランド，ブランド活性化要素，コーポレート・ブランドなど，現在活用されていないものも含め，組織によってマネジメントされるすべてのブランドを含むものである。ポートフォリオで検討されなければならないのは，その構成である。また，追加するのか，削減するのかも重要な課題である。

(2)　**製品定義の役割**

　ブランド・ポートフォリオを構築するためには，製品定義の基本的な要素である，マスター・ブランド，エンドーサー・ブランド，サブブランド，ドライバーの役割（ブランドへの購買決定を促し，使用経験を明確にさせる影響力の程度を反映するもの。通常はマスター・ブランドがその役割を担っている）の概念を理解する必要がある。

⑶　ブランド範囲

　ブランド範囲とは，ポートフォリオ内のそれぞれのブランドに関連する製品カテゴリやサブカテゴリ，およびブランドの持つ文脈間の関係のことである。ブランドを最も効果的に活用するためには，長期的な計画に基づく製品範囲とそれを実現するための順序と成功するために必要な連想を明らかにすることである。

⑷　ポートフォリオの役割

　ポートフォリオの役割は，ブランド構築およびマネジメントに必要な資源の最適配分を行う機能を果たすことである。

⑸　ブランド・ポートフォリオ構造

　ポートフォリオに含まれるブランドは互いに関係性を有しており，ブランド間のシナジー効果やレバレッジ効果をどのように支えているか，組織に秩序，目的，方向性をどのように与えているか，場当たり的な意思決定を招いてはいないかなど，ポートフォリオの構造がどのような論理構成で成り立っているかを明確化させ理解することが必要である。ブランドを共通する意味のある性質でまとめてグループ化させたり，ブランドを階層化させて把握することなどが有用となる。

⑹　ポートフォリオ・グラフィクス

　ポートフォリオ・グラフィクスとは，様々なブランドおよびブランド文脈で使われる視覚的な表現方法である。これには，ロゴをはじめ，パッケージ，シンボル，製品デザイン，印刷広告のレイアウト，コピー，ブランド提示方法の見た目や印象などがあげられる。ポートフォリオ・グラフィクスはドライバーの役割を明示したり，ブランド同士を区別する役割がある。

▶▶▶ 第3節　地域ブランド ◀◀◀

1．地域ブランドが求められる背景

　日本における地域活性化の手法として注目され，活用が進んでいるのが地域ブランドである。興味深いのは，地域活性化のためにマーケティングの手法が

活用されている点である。マーケティングの主体は一般的に企業であるとみなされることもあるが，地方自治体などが主体であってもその発想法や手法は有用であるといえる。また，ブランド概念を援用している点も注目すべき部分である。ブランドは資産であり，企業の価値を高めるものであるが，ブランドの考え方をそのまま地方自治体に適用しても効果的であると考えられる。

　では，なぜ地域活性化や地域ブランドの活用が注目されているかということだが，端的にいえば，地域経済が衰退しているからである。人口減少，少子高齢化，中心市街地の衰退，自治体の財政難などがその理由として考えられる。これらの構造を変化させ，地方を活性化させるための起点として，地域ブランドへの期待が高まっているのである。

2．地域ブランドの必要性

　独立行政法人中小企業基盤整備機構は地域ブランドを以下のように定義し，その必要性（中小企業基盤整備機構，2005：3）について言及している。

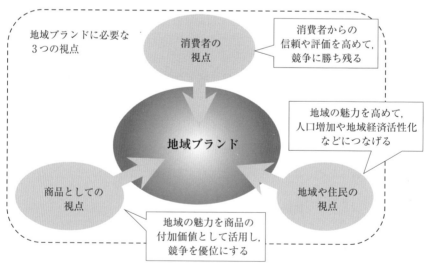

図表9－4　地域ブランドに必要な視点

出所）中小企業基盤整備機構（2005：7）

- 地域ブランドとは,「地域に対する消費者からの評価」であり, 地域が有する無形資産のひとつである。
- 地域ブランドには, 地域そのもののブランド（Regional Brand：RB）と, 地域の特徴を生かした商品のブランド（Products Brand：PB）とから構成される。
- 地域ブランド戦略とは, これら2つのブランドを同時に高めることにより, 地域活性化を実現する活動である。

　上記をふまえて, 地域の魅力と, 地域の商品とが互いに好影響をもたらしながら, よいイメージ, 評判を形成している場合を「地域ブランド」と呼ぶことができるとまとめている。そして, 地域ブランドに必要な要素を図表9-4のように示している。

　地域ブランドへの取り組みとして求められる点は, 地域活性化のために地域ブランドを作ること, すでに認知度やイメージが確立している地域は, 地域名を使って商品化すること, そしてつくりあげた地域ブランドを守ること（中小企業基盤整備機構, 2005：11）の3つの段階で捉え, 実施していくことである。

【注】
1）これらは他の製品と差別化するための構成要素となるためブランド要素という。
2）情報収集や情報を精査するためのコスト。
3）ブランド拡張のもととなった既存ブランド。

【引用・参考文献】
Aaker, David A.（1991）*Managing Brand Equity :Capitalizing on the value of a brand name,* Free Press.（陶山計介・尾崎久仁博・中田善啓・小林哲訳［1994］『ブランド・エクイティ戦略——競争優位をつくりだす名前, シンボル, スローガン』ダイヤモンド社）
Aaker, David A.（1996）*Building Strong Brands,* Free Press.（陶山計介・梅本春夫・小林哲・石垣智徳訳［1997］『ブランド優位の戦略——顧客を創造するBIの開発と実践』ダイヤモンド社）
Aaker, David A.（2004）*Brand Portfolio Strategy :Creating Relevance, Differentia-tion, Energy, Leverage, and Clarity,* Free Press.（阿久津聡訳［2005］『ブランド・ポートフォリオ戦略——事業の相乗効果を生み出すブランド体系』ダイヤモンド社）
Keller, Kevin Lane（2008）*Strategic Brand Management :Building, measuring,*

and managing brand equity, 3rd ed., Prentice Hall.（恩藏直人監訳［2010］『戦略的ブランド・マネジメント　第3版』東急エージェンシー）

Rossiter, John R. & Percy, Larry（1997）*Advertising Communications & Promotion Management,* 2nd ed., The McGraw-Hill Companies.（青木幸弘・岸志津江・亀井昭宏訳［2000］『ブランド・コミュニケーションの理論と実際』東急エージェンシー）

青木幸弘・恩藏直人編（2004）『製品・ブランド戦略　現代マーケティングの戦略①』（有斐閣アルマ）有斐閣

大森寛文・片野浩一・田原洋樹（2020）『経験と場所のブランディング　地域ブランド・域学連携・ローカルアイドル・アニメツーリズム』千倉書房

小川孔輔（2009）『マネジメント・テキスト マーケティング入門』日本経済新聞出版社

片山富弘編著（2018）『地域活性化への試論—地域ブランドの視点　増補改訂版』五絃舎

コトラー, フィリップ＆アームストロング, ゲイリー＆恩藏直人（2014）『コトラー, アームストロング, 恩藏のマーケティング原理』丸善出版

佐々木一成（2011）『地域ブランドと魅力あるまちづくり　産業振興・地域おこしの新しいかたち』学芸出版社

田中洋（2017）『ブランド戦略論』有斐閣

電通 abic project 編（2009）『地域ブランドマネジメント』有斐閣

独立行政法人中小企業基盤整備機構（2005）『地域ブランドマニュアル』中小企業基盤整備機構

初谷勇（2017）『地域ブランド政策論　地域冠政策方式による都市の魅力創造』日本評論社

【レビュー・アンド・トライ・クエスチョンズ】

- ブランド価値が高い企業をひとつあげ，どのような点が優れているかを考えてみよう。
- 地域ブランドの成功事例と失敗事例をひとつずつ示し，それぞれの成功要因と失敗要因について考えてみよう。

いっそうの学習を進めるために

Aaker, David A.(2004) *Brand Portfolio Strategy*, Free Press.（阿久津聡訳[2005]
『ブランド・ポートフォリオ戦略──事業の相乗効果を生み出すブランド体系』
ダイヤモンド社）
電通 abic project 編（2009）『地域ブランドマネジメント』有斐閣
　ブランド概念や地域ブランドについてさらに理解を深めるために上記の文献の
講読をお勧めする。

第10章　関係性マーケティング

本章では顧客との長期的な関係の形成と維持を志向する関係性マーケティングの考え方を把握する。

顧客全体のニーズに応える考え方ではなく，消費者の価値観や嗜好が多様化する中で，一人ひとりの顧客の要望に合った製品・サービスを提供する考え方について学習する。

顧客との良好な関係を継続するため，顧客満足度調査を行ったり，苦情への適切な対応について学ぶ。

Keyword

顧客関係マネジメント，スイッチングコスト，ポイント（制度），FSP，FFP，RFM分析，リテンション，顧客生涯価値，共創マーケティング，顧客満足

▶▶▶第1節　顧客関係の形成と維持◀◀◀

顧客関係の形成と維持の背景には，市場の成熟化，アフターマーケットの拡大，情報技術の発展などがあげられる。

1．交換パラダイムから関係性パラダイムへ

1985年のアメリカ・マーケティング協会（AMA：American Marketing Association）はマーケティングをつぎのように定義している。「マーケティングとは，個人や組織の目標を満足させるための交換を創造するためのアイデア・財・サービスの概念化・価格決定・販売促進・流通に関わる計画と実行のプロセス」で

ある。

　従来のマーケティングの考え方は，「交換を創造するための…」といった交換過程にマーケティングの役割があると捉えられていた。マーケティングの分野では交換パラダイムと呼ぶことがある。交換パラダイムは売り手と買い手がともに自由意思に基づいて双方の合意の上で取引を行うという考え方である。売り手と買い手双方が一回一回の交換（取引）によって提供されるものが自らにとってメリットがある場合に交換（取引）が成立する。企業の課題は買い手の価値と満足を高めながら，交換を促進し，結果として自社の経営目標を達成するということになる。

　2004年のAMAの定義は，つぎのように変化している。「マーケティングは組織的な活動であり，顧客に対し価値を創造し，コミュニケーションを行ない，届けるための，さらに組織及び組織の利害関係者に恩恵をもたらす方法で顧客との関係を管理するための，一連のプロセスである」。

　2004年のAMAの定義では，「顧客に対し価値を創造」や「顧客との関係」に焦点が当てられている。マーケティングの分野では，関係性パラダイムと呼ぶことがある。関係性パラダイムは，交換を基軸としながらも，売り手と買い手の長期的・継続的な関係性によって新たな価値を創造しようという考え方である（図表10‐1）。関係性のパラダイムの下での企業の課題は，顧客と企業との間で信頼関係を築き，長期的に維持・継続する関係を交換に先立ってつくりあげてしまうことにある。交換が成立する前提を重視し，両者の間に良い関係が必要になることに注目するのである。仮に良い関係を構築することができれば，継続的な交換を見込むことができるようになる。

　関係性パラダイムが注目されるメリットは，取引コストやリスクの低下があげられる。例えば，商品の売買の際の駆け引きや監視といったわずらわしさがなくなるからである。また新規顧客の獲得のための莫大な経費を節約できる。新規顧客を獲得するコストに比べて既存の顧客を維持するコストのほうが低く抑えられるからである。このようなメリットによって，顧客との関係性（リレーションシップ）や顧客維持（リテンション）に関するマーケティング理論が強調

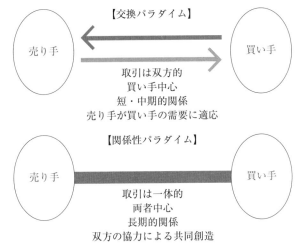

図表10－1　交換パラダイムと関係性パラダイム
出所）筆者作成

されるようになってきた。また，情報技術の発展に伴って，データベース・マーケティングや顧客関係マネジメント（CRM：Customer Relationship Management）により関係性マーケティングはさらに加速した。

2．顧客の識別

　図表10－2は，顧客を企業との接触頻度と心理的な距離感によって分類している。潜在的顧客→見込み客→トライアルユーザー（初期購買者）→リピーター（初期反復購買者）→得意客（ロイヤル顧客）→伝道者（推奨者，信奉者）に進むと顧客と企業との関係がより深くなっていることを表した顧客の分類である。

　関係性マーケティングでは，顧客を育成するという視点を持っている。まだ自社製品・サービスを購入するに至っていないが，購入してくれる可能性がある顧客を潜在的顧客と呼ぶ。

　その中から，自社製品・サービスのブランドを知っている，広告を見たことがあるといった顧客が見込み客である。

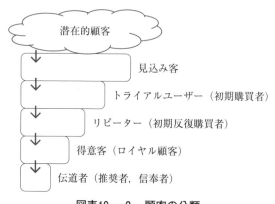

潜在的顧客

見込み客

トライアルユーザー（初期購買者）

リピーター（初期反復購買者）

得意客（ロイヤル顧客）

伝道者（推奨者，信奉者）

図表10－2　顧客の分類

出所）筆者作成

　さらに見込み客の一部の顧客ではじめて自社製品・サービスを試しに購入するものが現れる。これがトライアルユーザー（初期購買者）である。見込み客に対する広告宣伝や営業活動で自社製品・サービスの良さを訴求し，購入を促進させる。

　トライアルユーザーの中の一部には2度，3度と続けて購入する顧客が現れてくる。これがリピーター（初期反復購買者）である。購入した製品・サービスに満足を得られなかった顧客は二度と購入しない可能性が高くなる。さらに，周囲に購入した製品・サービスの不満を訴えることもあるので，多くの顧客を失うことになる。顧客の満足度を高める製品・サービスを提供し，再購入につなげる対応が肝要である。

　次に何度も頻繁に自社製品・サービスを購入する顧客を得意客とか，ロイヤル顧客と呼んでいる。リピーターの一部を得意客にするために，企業は顧客のニーズに応え続けることが大事である。継続購入を促進するために，顧客の要望や意見を傾聴し，顧客の微細なニーズの変化や自社製品・サービスの評価を収集し，顧客の期待・要望に応えるように改善を続けることである。

　得意客の一部には周囲に積極的に自社の製品・サービスを紹介・推奨してくれる顧客が現れる。伝道者，推奨者，信奉者などと呼ばれている。伝道者が増

えれば，結果として新規顧客獲得につながる。

▶▶▶ 第2節　スイッチング障壁の形成 ◀◀◀

1．スイッチングコストと顧客の維持・獲得

　スイッチングコスト（switching cost）とは，顧客が現在利用している製品・サービスから別の製品・サービスに乗り換える際に顧客が負担しなければならないコストのことである。顧客が乗り換える際の金銭的なコスト以外にも，心理的コストや手間コストなどがある。ある商品に愛着があり他社の商品に乗り換えるのに心理的な抵抗を感じるというのは心理的コストの一例である。手間コストは購入する商品を探したり，商品を設置する手間や時間，操作方法に慣れるまでの時間などがあげられる。顧客は商品から受け取る便益だけでなく，スイッチングコストを考慮して購買するかどうかを意思決定する。顧客は支払ってもよいと考えている価格が魅力的でもスイッチングコストが高いと考えると購入しないということである（図表10－3）。

　企業側の課題は顧客が現在自社製品・サービスを利用している場合，他社製品・サービスへと乗り換えることを防止するために顧客のスイッチングコストを高くすることが有効な施策となる。

顧客のスイッチングコストが高くて購入しない場合

顧客のスイッチングコストが低くて購入する場合

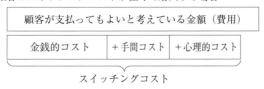

図表10－3　スイッチングコストの違いによる顧客の動き

出所）筆者作成

　一方，顧客が他社製品を利用している場合は，自社製品・サービスを売り込むために，スイッチングコストをできるだけ低くすることで顧客の獲得につながる。

　企業はスイッチングコストを高くして既存顧客の流出を防いだり，スイッチングコストを低くして新規顧客を獲得することがマーケティング戦略上では有効である。

2．ポイント制度

　近年，製品サービスを購入すると，購入した製品・サービスに応じて何パーセントかのポイントが付与されることがある。このポイントは新たに製品・サービスを購入する代金の一部あるいは全額を支払代金として充てたりできる。またポイントと企業のオリジナルグッズなど様々な景品と交換したりすることができる仕組みである。小売店，航空会社，カード会社などでよくみられる。

　ポイントは当該企業にしか使用できないポイント制度と他社でも使用できるようになっているポイント制度がある。ただし，他社で利用する，あるいは他社のポイントに移行するとポイントの還元率が低くなったりする場合がある。

　企業側が配慮すべきことは他の顧客から不平・不満が生じないように，一般の顧客にも納得感のある制度を構築することである。その意味でポイント制度は得意客を優遇する方法として，不平・不満が出てきにくい仕組みとなっている。購入した金額に応じてポイントが付与されるので，見込み客など利用頻度が低い顧客にも恩恵があり，利用頻度が高い得意客にはもっと恩恵がある。

　企業が新規顧客を獲得するためのコストに比べてポイントによって失われる金額のほうが小さいので顧客獲得コストも低く抑えることができる。企業は商品の店頭価格を維持しつつ，スイッチング障壁として作用する。しかし，顧客がポイントをすべて使用してしまうとスイッチング障壁がなくなってしまう点には注意が必要である。近年，ポイント制度を採用している企業が増加してきたが，ポイント制度を導入しているだけで競争優位を獲得する要因にはならず，かといってポイント制度を導入していなければ競争劣位となる。したがっ

て，ポイント利用範囲を広げたり，ポイントの有効期限を長期間あるいは撤廃するなどの差別化を図る企業の取り組みがみられる。

3．FSP・FFP

　小売店がロイヤルティの高い顧客を識別・維持していく方法がFSP（Frequent Shoppers Program）である。航空業界ではFFP（Frequent Flyers Program）と呼ぶ。顧客カードを個別に作成し，購買情報，顧客属性など顧客情報を収集する。購買金額に応じたポイントを付与し，ポイントに応じて割引や景品プレゼントを実施する。FFPは，アメリカン航空が始めたマイルポイント制度が始まりとされている。

　現在ではFSPをよく見かけるようになってきた。顧客一人ひとりの購入履歴データに基づいて，利用頻度や購入金額で顧客を選別し，顧客のランク付けを行い，それぞれの顧客に異なる優遇サービスや特典を提供することによって顧客満足度を高め，ロイヤルティの高い顧客を作りだそうというねらいが共通点である。

　企業にとって重要なのは年に1回少額の商品を購入する顧客ではなく，年に何回も高額の商品を購入するリピーターである。このリピーターを顧客データベースから抽出し，顧客の購買行動を分析し，マーケティング活動に利用する。データベースからの抽出はRFM分析と呼ばれる手法が用いられる。RFM分析は購買履歴を直近の購入日（recently），購入頻度（frequency），購入金額（monetary amount）の視点で分析する手法である（図表10-4）。これらの3変数を使って顧客を識別する。

　抽出された優良顧客に対してFSPやFFPのような特別優待制を設けたり，顧客の購買パターンに応じてプロモーションを行ったり，顧客の嗜好に合わせて製品・サービスを提供するという一連のマーケティング活動が効率的に行える。

　情報技術が急速に発展し，従来よりも顧客一人ひとりの大量顧客データを低コストで早く処理できるようになった。一方で顧客情報の流出のニュースは顧

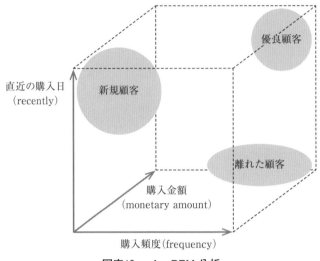

直近の購入日
（recently）

新規顧客

優良顧客

離れた顧客

購入金額
（monetary amount）

購入頻度（frequency）

図表10－4　RFM 分析

出所）筆者作成

客の信用を一瞬で失ってしまうリスクがある。情報漏えいの原因は人的ミスが多い。この対策として，社員への情報セキュリティ教育が必要である。

▶▶▶ 第3節　リテンション・マーケティング ◀◀◀

1．ダイレクト・マーケティング

　一度購入した顧客にダイレクト・メールやクーポン，推奨する商品を紹介するなど継続購入を促す活動をダイレクト・マーケティングと呼ぶ。小売りや卸売業を仲介せずにメーカーが直接顧客に商品を販売することである。カタログ，インターネット，電話，テレビを利用した通信販売が一般的である。企業が直接顧客とコミュニケーションを行い，関係性の強化を図る。見込み客にタイミングよく接触することができる，リレーション・マーケティングのひとつの形態であろう。

2．リテンションのメリット

　リテンション・マーケティングは，既存の顧客との良好な関係を維持するマー

マス・マーケティング	ワン・トゥ・ワン・マーケティング
マス・マーケットを対象	顧客一人ひとりを対象
1回限りの取引が中心	顧客との関係づくり
市場シェアを重視	顧客シェアを重視
顧客はターゲット（一方通行）	顧客はパートナー（双方向）
製品の差異化	顧客の差異化

図表10－5　マス・マーケティングとワン・トゥ・ワン・マーケティングの違い
出所）筆者作成

ケティング活動である。既存顧客を維持（リテンション：retention）することができれば，顧客が他社へと流出した場合の再度獲得するためのコストを抑えることができる。また，新規顧客を獲得するためのコストより既存顧客を維持するコストの方が低いので利益率が向上する。さらに，ロイヤルティの高い顧客は価格に寛容なため，利益率を高くすることができる。

　従来のマス・マーケティングはターゲット顧客層が対象で，標準的な商品を大量生産大量販売し，市場シェアを重視する特徴を持っており，ターゲット顧客層を分析し，製品差別化戦略を採用する。

　一方，ワン・トゥ・ワン・マーケティング（one to one marketing）は個々の顧客が対象で，一人ひとりの個別の顧客のニーズに応え，顧客シェアを重視する特徴を持っている（図表10－5）。

　一人ひとりの顧客情報をデータベース化し，顧客を差別化する。顧客シェアを拡大するマーケティングが目指すところはロイヤルティの高い顧客，自社製品のファンを増やすことである。そうすることで，新規顧客を獲得するマーケティングコストよりも低コストで，利益率の向上を見込めるなどのメリットを享受できる。

3．顧客生涯価値

　ワン・トゥ・ワン・マーケティングを進めるうえで，顧客生涯価値（LTV：Life Time Value）という考え方が重要となる。LTVとは，ある特定の顧客が新規に購入してから生涯にわたって当該企業が得る利益を一定の割引率で割り

引いた現在価値の累計額という視点で分析する方法である。

　顧客生涯価値を最大化するためには顧客との関係を維持，強化することが重要となる。顧客生涯価値が重視される背景には市場が成熟化して新規顧客の獲得が難しくなってきたことがあげられる。ライバル企業の顧客を奪い合うとなれば，マーケティングコストが増加してしまう。

4．マス・カスタマイゼーション

　マス・マーケティングとワン・トゥ・ワン・マーケティングは対になる用語として使用されるがその中間的な用語がマス・カスタマイゼーション（mass customization）である（図表10－6）。大量生産を意味する「マス」と顧客一人ひとりのニーズに応える「カスタマイズ」を組み合わせた造語である。大量生産により規模の経済性が働き単位当たりのコストを低減することができ，顧客一人ひとりのニーズに応えることによって既存顧客の維持を可能とするマーケティング手法である。

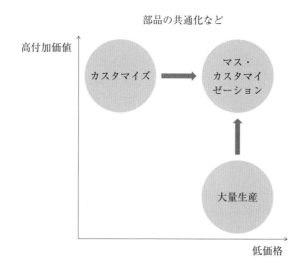

図表10－6　マス・カスタマイゼーション

出所）筆者作成

▶▶▶ 第4節　共創マーケティング ◀◀◀

1．顧客ニーズ情報の粘着性

　従来までの企業と顧客の共創関係は，「お客様窓口」「お客様相談室」や募集した消費者代表者によるモニター調査など様々な方法で聞き取り，収集した顧客の声を反映させた製品・サービスが販売されてきた。しかし，費用がかかる割に持続的な競争優位を生み出すことができなかった。

　近年，顧客が製品・サービスを開発する段階から関与し，製品開発する試みが行われている。顧客ニーズの情報は粘着性を有することがあり，情報の粘着性が高い場合は情報を移転するのにコストがかかる。一方，情報の粘着性が低い場合は，情報の移転コストは低い（図表10－7）。

　顧客ニーズといった情報の粘着性が高くなる要因として，情報の性質，情報の使い手と受け手の属性，情報の量があげられる。

　情報の性質の例として，言葉や図を使って説明することができる知識は移転しやすいことがあげられる。そうでない知識は移転コストが高くなる。

　情報の使い手と受け手の属性は，いずれか一方の専門知識が不足しているとき，話がかみ合わず移転が難しい。

　また，移転する情報の量が多ければ多いほど時間や手間がかかるなど移転するためのコストが発生する。

　顧客ニーズ情報の粘着性が高い場合は企業が単独で顧客の要望にかなうような製品を生み出すことが困難である。そこで，顧客が製品の企画立案から携わ

移転が容易＝情報の粘着性が低い

移転が困難＝情報の粘着性が高い

図表10－7　情報の粘着性

出所）筆者作成

ることによって，課題解決する取り組みである。顧客が企業と連携して，顧客
も価値創造の担い手となり，企業は顧客ニーズ情報を活用することが重要であ
る。

2．共創マーケティング

　共創マーケティングは，企業と顧客との長期的な深いつながりのある関係性
を土台とし，企業の顧客理解と顧客との対話に基づく。顧客は企業と対等な関
係で協業する。企業は市場にはまだ出ていない情報を一部の顧客に提供しない
といけない，といったリスクもある。しかし，これもまた企業と一部のロイヤ
ルティの高い顧客との信頼関係が構築されていなければ成立しない。顧客がイ
ノベーションの担い手となる。

　インターネット社会においては，オープンイノベーションという形で企業が
公表した情報を利用して顧客同士がコミュニティを作って価値を創出している
例もある。企業にとっても開発部の限られた人材だけでは時間を要する製品開
発が，熱狂的なファンで構築されたコミュニティの力を借りることで効率的か
つ効果的にプロジェクトを進めることができる（図表10-8）。デジタル財の特
徴は非排他性，複製可能性，非空間性という特徴を持っている。デジタル財は，

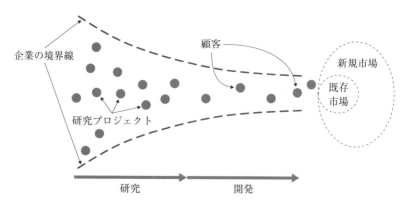

図表10-8　企業と顧客が協働するオープンイノベーション

出所）筆者作成

カスタマイゼーションによって顧客の満足度やスイッチングコストを高めるのに有効である。

　共創マーケティングは，企業がマーケティングリサーチをして，限られた情報で製品開発をする従来の方法とは異なる。顧客が企業とともにイノベーションの担い手になることは企業の有限の情報だけに頼っていた方法よりも有益である。

3．顧客関係マネジメント（CRM）

　顧客満足（CS：Customer Satisfaction）を志向する経営が1990年代以降に注目を集めた。顧客満足を最大化するために企業全体のマネジメントの仕組みを再構築する試みである。顧客志向の経営を実践する具体的なプロセスとしてCRM（Customer Relationship Management）への関心が高まった。顧客の囲い込みという概念と同一視されることもある。CRMはこれを含み，さらに広い経営活動の総称であり，顧客中心の事業モデルへの変革を意味する。顧客と接する機会のあるすべての部門情報とコンタクト歴を共有管理し，どのような問い合わせがあっても常に最適な対応ができるようにすることである。

　CRMの取り組みの第一歩は顧客データの収集や顧客データベースの充実・整備である。収集された顧客データは長期にわたってデータウェアハウスに蓄

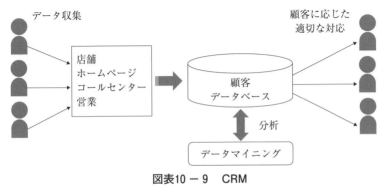

図表10－9　CRM

出所）筆者作成

積され，データマイニングなどの手法によって分析される。利益が最大になるように，顧客，商品，タイミング，チャネルを最適に選択し顧客の差別化やサービスの差別化が行われる（図表10－9）。

　CRM構築のねらいとして，顧客の対応スピードを上げたり，顧客への提案力を強化したり，付加価値の高い取引への重点化があげられる。

▶▶▶ 第5節　顧客満足度調査と苦情対策 ◀◀◀

1．顧客満足度調査

　顧客は製品・サービスからもたらされる事前の期待以上の価値があると感じなければ，二度とその製品・サービスを購入しなくなる。事前の期待と同等の価値があると感じた場合は，ライバル企業が同等の製品・サービスを販売していなければ，顧客は継続して利用するだろう。

　しかし，ライバル企業が同等の製品・サービスを販売するようになれば，自社の製品・サービスはライバル企業に奪われるかもしれない。

　企業の製品・サービスが顧客の事前期待より実際に利用した評価がよかった場合は，リピーターとなる。さらに，ロイヤルティの高い顧客の獲得はクチコミなどで新規顧客に広げていく。

　したがって，製品・サービスは顧客の事前期待よりも実際に利用した評価の

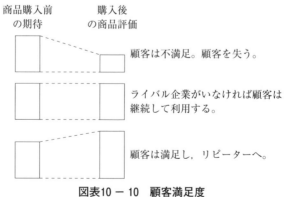

図表10－10　顧客満足度

出所）筆者作成

ほうが高いかもしくは同等でなければならない（図表10-10）。不満足と感じた顧客は黙って去っていくことも多い。そこで，顧客にアンケート調査，ヒアリング調査などの顧客満足度調査を実施する。顧客との関係性を修正，改善するために欠かせない調査である。

2．苦情対応

　顧客との良好な関係性を構築するためには信頼関係を築くことである。顧客が要求する条件を満たし，顧客が求める以上の品質や従業員が顧客の要望に耳を傾け，理解する顧客重視が不可欠である。また，情報技術の発展に伴って，納期の短縮が進む中で顧客にできるだけ素早く対応することが重要になってきている。

　顧客との良好な関係がいつまでも続くとは限らない。顧客は事前の期待と利用した評価との間にあまりにも大きな差がある場合，企業に対する苦情へと発展する。苦情の内容は商品の故障・損傷など物的な要因と従業員の接客の不手際など人的要因がある。顕在化した苦情については，顧客に対して対応のしようがあるが，潜在的な不満についても見過ごすことができない。見過ごしてしまうと，クチコミなどで多くの潜在的な顧客まで伝わって企業にとって大きな損失となる。

　顧客は発生した問題を解決する企業の具体的な対応や改善を期待している。商品の故障や納期が遅れてしまったなど現実的な原因による苦情については，その原因を「だれが，いつまでに，どのように」解決するのか，できるだけ迅速に顧客に伝えることが肝要である。顕在化した苦情への対応しだいでは顧客とのエンゲージメントを強めることもある。

　顧客の苦情に対して迅速かつ的確に対応することができれば，既存の顧客は継続利用してくれるといわれている。苦情を「面倒」などと捉えてしまうと，すぐに顧客の信用を失い，他の製品・サービスに乗り換えてしまう恐れがあり，企業は深刻な影響を受けることになる。顧客のスイッチングコストの観点から考えてみると，不満が解消されるのであれば，他社の製品・サービスに乗り換

えることはないだろう。

　シャンプーや洗剤の詰め替え商品の一部は，苦情から生まれた商品である。顧客にとってはボトルに入ったシャンプーや洗剤を購入するより経済的である。また，環境問題も後押ししてエコであるということから売れていた。

　しかし，シャンプーや洗剤の詰め替え商品をボトルに詰め替える際にこぼれてしまうといった苦情が相次いだ。そこで，注ぎ口のところに短いストローのような固い円形の注ぎ口をつけることによって，注ぐときに折れ曲がらないように工夫され，顧客の苦情の原因である液体がこぼれないようにするために改善された。

　経済的で，エコな商品であるシャンプーや洗剤の詰め替え商品には満足していた顧客は，注ぐときにこぼれてしまうという不満が解消されたことによって今では小売店などでも詰め替え商品が多く見かけられる。

　苦情の再発を防止するためには，マニュアルの見直しや苦情の原因を探し出し，抜本的な改善策を立てることである。

【引用・参考文献】
石井淳蔵・嶋口充輝・栗木契・余田拓郎（2013）『ゼミナール　マーケティング入門　第2版』日本経済新聞出版社
石井淳蔵・廣田章光・清水信年編（2020）『1からのマーケティング』碩学舎
小川孔輔（2009）『マーケティング入門』日本経済新聞出版社
嶋口充輝（1994）『顧客満足型マーケティングの構図─新しい企業成長の論理を求めて』有斐閣
西川英彦・澁谷覚編（2019）『1からのデジタル・マーケティング』碩学舎
和田充夫（1998）『関係性マーケティングの構図─マーケティング・アズ・コミュニケーション』有斐閣

【レビュー・アンド・トライ・クエスチョンズ】

- 興味・関心を持っている会社を1社取り上げ，その会社が既存の顧客を維持するためにどのように取り組んでいるか，調べてみよう。
- 顧客の苦情から生まれた商品を探してみよう。

いっそうの学習を進めるために

コトラー, P, カルタジャヤ, H, セティアワン, I 著, 恩藏直人監訳, 藤井清美訳 (2017)『コトラーのマーケティング4.0—スマートフォン時代の究極法則』朝日新聞出版社

　デジタル社会のマーケティング全般について学習を進めることができる。デジタル社会の顧客との関係を調べてみよう。

・索　引・

編者紹介

篠原　淳（しのはら　あつし）

2007年　早稲田大学情報生産システム研究科博士後期課程　単位取得退学

現　在：園田学園女子大学経営学部教授

著　書：『経営管理の新潮流』（分担執筆・学文社・2004年），『保険事業のイノベーション』（分担執筆・慶應義塾大学出版会・2008），『経営学概論』（監修・学文社・2021年）

論　文：「株主価値重視の経営と退職給付」実践経営学会『実践経営』（第39号・2002年），「退職給付会計と企業評価」（経営行動学会『経営行動研究年報』（第12号・2003），「経営者の企業年金制度選択の意思決定に影響を及ぼす諸要素—法的側面からのアプローチ—」実践経営学会『実践経営』（実践経営学研究第14号・2022年）

鄭　舜玉（ちょん　すんおく）

2009年　日本大学大学院商学研究科博士後期課程修了　博士（商学）

現　在：園田学園女子大学経営学部准教授

論　文：「ソーシャル・キャピタルに基づく関係性マーケティング」日本大学『商学論叢』（新装第1巻，第1号・2008年），「マーケティング・パラドックス」『経済社会学会年報』（第33集・2011年），「ユニバーサルサービスとしてのマーケティング・コンシェルジュ・システム—脆弱な消費者を支援するソーシャルマーケティングの可能性—」函館大谷短期大学『研究紀要』（第31号・2016年），「ニューノーマル時代における消費—メタバースと仮想消費」園田学園女子大学『論文集』（第56号・2022年）

マーケティング概論

2023年1月20日　第一版第一刷発行

編著者　篠原　淳
　　　　鄭　舜玉

発行所　株式会社　学文社

発行者　田中千津子

〒153-0064　東京都目黒区下目黒3-6-1

電話　(03)3715-1501（代表）　振替　00130-9-98842

https://www.gakubunsha.com

落丁，乱丁本は，本社にてお取替え致します。　　印刷／東光整版印刷㈱
定価は，カバーに表示してあります。　　　　　　＜検印省略＞

ISBN 978-4-7620-3218-9
©2023 SHINOHARA Atsushi & JUNG Soonok　Printed in Japan